民国西学要籍汉译文献·经济学（第二辑）
中国国家图书馆藏
主编　李天纲

房屋合作运动

［英］柏尔曼（H.Bellman）著
许心武　译

上海社会科学院出版社
Shanghai Academy of Social Sciences Press

图书在版编目(CIP)数据

房屋合作运动/（英）柏尔曼著；许心武译．—上海：上海社会科学院出版社，2016

（民国西学要籍汉译文献/李天纲主编．经济学）

ISBN 978-7-5520-1164-7

Ⅰ．①房… Ⅱ．①柏…②许… Ⅲ．①建筑经济－合作经济－研究－英国 Ⅳ．①F456.169

中国版本图书馆CIP数据核字(2016)第045669号

房屋合作运动

主　　编：李天纲
编　　纂：赵　炬
责任编辑：唐云松
特约编辑：陈宁宁
封面设计：清　风
策　　划：赵　炬
执　　行：取映文化
加工整理：嘎　拉　江　岩　牵　牛　莉　娜
责任校对：笑　然
出版发行：上海社会科学院出版社
上海淮海中路622弄7号　电话63875741　邮编200020
http://www.sassp.org.cn　E-mail:sassp@sass.org.cn
排　　版：上海永正彩色分色制版有限公司
印　　刷：常熟市人民印刷厂
开　　本：650×900毫米　1/16开
字　　数：100千字
印　　张：9.375
版　　次：2016年4月第1版　2016年4月第1次印刷

ISBN 978-7-5520-1164-7/F.360　　定价：48.00元（精装）

民国西学：中国的百年翻译运动

——『民国西学要籍汉译文献』序

李天纲

继唐代翻译印度佛经之后，二十世纪是中文翻译历史上的第二个高潮时期。来自欧美的『西学』，以巨大的规模涌入中国，参与改变了一个民族的思维方式，这在人类文明史上也是罕见的。域外知识大规模地输入本土，与当地文化交换信息，激发思想，乃至产生新的理论，全球范围也仅仅发生过有数的那么几次。除了唐代中原人用汉语翻译印度思想之外，公元九、十世纪阿拉伯人翻译希腊文化，有一场著名的『百年翻译运动』之外，还有欧洲十四、十五世纪从阿拉伯、希腊、希伯来等『东方』民族的典籍中翻译古代文献，汇入欧洲文化，史称『文艺复兴』。中国知识分子在二十世纪大量翻译欧美『西学』，可以和以上的几次翻译运动相比拟，称之为『中国的百年翻译运动』、『中国的文艺复兴』并不过分。

运动似乎是突如其来，其实早有前奏。梁启超（1873–1929）在《清代学术概论》中说：『自明末徐光启、李之藻等广译算学、天文、水利诸书，为欧籍入中国之始。』利玛窦（Mateo Ricci, 1552–1610）、徐光启、李之藻等人发动的明末清初天主教翻译运动，比清末的『西学』早了二百多年。梁启超有所不知的是：利、徐、李等人不但翻译了天文、历算等『科学』著作，还翻译了诸如亚里士多德《论灵魂》（《灵言蠡勺》）、《形而上学》（《名理探》）等神学、哲学著作。梁启超称明末翻译为『西学东渐』之始是对的，但他说其『范围亦限于天（文）、（历）算』，则误导了他的学生们一百年，直到今天。

从明末到清末的『西学』翻译只是开始，而且断断续续，并不连贯成为一场『运动』。各种原因导致了『西学』的挫折：被明清易代的战火打断；受清初『中国礼仪之争』的影响；欧洲在1773年禁止了耶稣会士的传教活动，以及儒家保守主义思潮在清代的兴起。鸦片战争以后很久，再次翻译『西学』，仍然只在上海和江南地区。从翻译规模来看，以上海为中心的翻译人才、出版机构和发行组织都比明末强大了，影响力却仍然有限。梁启超说：『惟（上海江南）制造局中尚译有科学书二三十种，李善兰、华蘅芳、赵仲涵等任笔受。其人皆学有根底，对于所译之书责任心与兴味皆极浓重，故其成绩略可比明之徐、李。』梁启超对清末翻译的规模估计还是不足，但说『戊戌变法』之前的『西学』翻译只在上海、香港、澳门等地零散从事，影响范围并不及于内地，则是事实。

对明末和清末的『西学』做了简短的回顾之后，我们可以有把握地说：二十世纪的中文翻译，或曰中华民国时期的『西学』，才是称得上有规模的『翻译运动』。也正是在二十世纪的一百年中，数以千计的『汉译名著』成为中国知识分子的必读教材。1905年，清朝废除了科举制，新式高等教育以新建『大学堂』的方式举行，而不是原来尝试的利用『书院』系统改造而成。新建的大学、中学，数理化、文史哲、政经法等等学科，都采用了翻译作品，甚至还有西文原版教材，于是，中国读书人的思想中又多了一种新的标杆，即在『四书五经』之外，还必须要参考一下来自欧美的『西方经典』，甚至到了『言必称希腊、罗马』的程度。

我们在这里说『民国西学』，它的规模超过明末、清末；它的影响遍及沿海、内地；它借助二十世纪的新式教育制度，渗透到中国人的知识体系、价值观念和行为方式中，这些结论虽然都还需要论证，但从一般直觉来看，是可以成立的。中国二十世纪的启蒙运动，以及『现代化』、『世俗化』、『理性化』，都与『民国西学』的翻译介绍直接有关。然而，『民国西学』到底是一个多大的规模？它是一个怎样的体系？它们是以什么方式影响了二十世纪的中国思想？这些问题都还没有得到认真研究，我们并没有一个清晰的认识。还有，哪些著作得到了翻译，哪些译者的影响最大？『西学东渐』的代表，明末有徐光启，清末有严复，那『民国西学』的代表作在哪里？这一系列问题我们并不能明确地回答，原因就在我们对民国翻译出版的西学著作并无一个全程的了解，民国翻译的那些哲学、社会科学、人文学科的『西学』著作，束之高阁，已经好多年。

举例来说，1935年，上海生活书店编辑《全国总书目》，『网罗全国新书店、学术机关、文化团体、图书馆、政府机关、研究学会以及个人私家之出版物约二万种』。就是用这二万种新版图书，生活书店编制了一套全新分类，分为：『总类、哲学、社会科学、宗教、自然科学、文艺、语文学、史地、技术知识』。一瞥之下，这个图书分类法比今天的『人大图书分类法』更仔细，因为翻译介绍的思潮、学说、学科、流派更庞大。尽管并没有统一的『社科规划』和『文化战略』，『民国西学』却在『中国的文艺复兴』运动推动下得到了长足发展。查看《全国总书目》（上海，生活书店，1935），在『社会科学·社会科学一般·社会主义』的子目录下，列有『社会主义概论、社会主义史、科学的社会主义、无政府主义、基尔特社会主义、乌托邦社会主义、基督教社会主义、议会派社会主义』等；在『社会科学·政治·政体政制』的子目录下，列有『政治制度概论、政治制度史、宪政、民主制、独裁制、联邦制、各种政制评述、各国政制、中国政制、现代政制、中国政制史』等，翻译、研究和出版，真的是与欧美接榫，与世界同步。1911年以后的38年的『民国西学』为二十世纪中国学术打下了扎实的基础，而我们却长期忽视，不作接续。

编辑出版一套『民国西学要籍汉译文献』，把中华民国在大陆38年期间翻译的社会科学和人文学科著作重新刊印，对于我们估计、认识和研究『中国的百年翻译运动』、『中国的文艺复兴』，接续当时学统，无疑是有着重要的意义。1980年代初，上海、北京的学术界以朱维铮、庞朴先生为代表，编辑『中国文化史丛书』，一个宗旨便是要接续1930年代商务印书馆王云五主编『中国文化史丛书』，重振旗鼓，『整理国故』，先是恢复，然后才谈得上去超越。遗憾的是，最近三十年的『西学』研究却似乎没有采取『接续』民国传统的方法来做，我们急急乎又引进了许多新理论，诸如控制论、信息论、系统论……还有『老三论』、『新三论』、『后现代』、『后殖民』等等新理论，对『民国西学』弃之如敝屣，避之唯恐不及。

民国时期确实没有突出的翻译人物，我们是指像严复那样的学者，单靠『严译八种』的稿酬就能成为商务印书馆大股东，还受邀请担任多间大学的校长，几份报刊的主笔。但是，像王造时（1903–1971）先生那样在『西学』翻译领域做出重要贡献，然后借此『西学』，主编报刊、杂志，在『反独裁』、『争民主』和『抗战救国』等舆论中取得重大影响的人物也不在少数。王造时的翻译作品有黑格尔的《历史哲学》、摩瓦特的《近代欧洲外交史》、《现代欧洲外交史》、拉铁耐的《美国外交政策史》、拉斯基的《国家的理论与实际》、《民主政治在危机中》。1931年，王先生曾担任光华大学教授，文学院长，政治系主任，后来创办了《主张与批评》（1932）、《自由言论》（1933），组织『中国民权保障同盟』（1932）。他在上海舆论界发表宪政、法治、理性的自由主义；他在大学课堂上讲授的则是英国费边社社会主义、工联主义和公有化理论（见王造时著《荒谬集·我们的根本主张》1935，上海，自由言论社）。非常可惜的是，王造时先生这样复杂、混合而理想主义的政治学理论和实践，在最近三十年的社会科学、人文学科中并无讨论，原因显然是与大家不读，读不到，没有再版其作品有关。

我们说，『民国西学』本来是一个相当完备的知识体系，在经历了一个巨大的『断裂』之后，学者并没有好好地反省一下，哪些可以继承和发展，哪些应该批判和扬弃。民国时期好多重要的翻译著作，我们都没有再去翻看，认真比较，仔细理解。『改革、开放』以后，又一次『西学东渐』，大家只是急着去寻找更加新颖的『西学』，用新的取代旧的，从尼采、弗洛伊德……到福柯、德里达……就如同东北谚语讽刺的那样：『熊瞎子掰包谷，掰一个丢一个。』中国学者在『西学』武库中寻找更新式的装备，在层出不穷的『西学』面前特别害怕落伍。这种心态里有一个幻觉：更新的理论，意味着更确定的真理，因而也能更有效地在中国使用，或者借用，来解决中国的问题。这种实用主义的『西学观』，其实是一种懒惰、被动和浮躁的短视见解，不能积累起一个稍微深厚一点的现代文化。

讨论二十世纪的『西学』，一般是以五四『新青年』来代表，这其实相当偏颇。胡适、陈独秀等人固然在介绍和推广『西学』，倡导『启蒙』时居功至伟，但是『新文化运动』造成不断求新的风气，也使得这一派的『西学』浅尝辄止，比较肤浅，有些做法甚至不能代表『民国西学』。胡适先生回忆他们举办的《新青年》杂志，有一个宗旨是要『输入学理』，即翻译介绍欧洲的社会科学、人文学科知识，他还大致理了一个系统，说『我们的《新青年》杂志，便曾经发行过一期「易卜生专号」，专门介绍这位挪威大戏剧家易卜生，在这期上我写了首篇专论叫《易卜生主义》。《新青年》也曾出过一期「马克思专号」。另一个《新教育月刊》也曾出过一期「杜威专号」。至于对无政府主义、社会主义、共产主义、日耳曼意识形态、盎格鲁·萨克逊思想体系和法兰西哲学等等的输入，也就习以为常了。』（唐德刚编译：《胡适口述自传》，北京，华文出版社，1992年，第191页）。胡适晚年清理的这个翻译目录，就是那一代青年不断寻找『真理』的轨迹。三四十年间，他们从一般的人性论学说，到无政府主义、社会主义、马克思主义；从不列颠宪政学说，到法兰西暴力革命理论、德意志国家主义思想，再到英格兰自由主义主张，大致就是『输入学理』运动中的全部『西学』。

胡适一语道破地说：『这些新观念、新理论之输入，基本上为的是帮助解决我们今日所面临的实际问题。』胡适并不认为这种『活学活用』、『急用先学』的做法有什么不妥。相反，二十世纪中国知识分子接受『西学』的方法论，大多认为翻译为了『救国』，如同进口最新版本的克虏伯大炮能打胜仗，这就是『天经地义』。今天看来，这其实是一种庸俗意义的『实用主义』，是生吞活剥，不加消化，头痛医头，脚痛医脚的简单思维，或曰：是『夺他人之酒杯，浇自己之块垒』。从我们收集整理『民国西学要籍汉译文献』的情况来看，『民国西学』是一个比北大『启蒙西学』更加完整的知识体系。换句话说，我们认为『五四运动』及其启蒙大众的『西学』并不能够代表二十世纪中国西学翻译运动的全部面貌，在北大的『启蒙西学』之外，还有上海出版界翻译介绍的『民国西学』。或许我们应该把『启蒙西学』纳入『民国西学』体系，『中国的百年翻译运动』才能得到更好的理解。

我们认为：中国二十世纪的西学翻译运动，为汉语世界增加了巨量的知识内容，引进了不同的思维方式，激发了更大的想象空间，这种跨文化交流引起的触动作用才是最为重要的。二十世纪的中国文化变得不古不今，不中不西，并非简单的外来『冲击』所致，而是由形形色色的不同因素综合而成。外来思想中包含的进步观点、立场、方案、主张、主义……具有普世主义的参考价值，但都要在理解、消化、吸收后才能成为汉语语境的一部分，才会有更好的发挥。在这一方面，明末徐光启有一个口号可以参考，那便是『欲求超胜，必须会通；会通之前，必先翻译』。反过来说，『翻译』的目的，是为了中西文化之间的融会贯通，而非搬用；『会通』的目的，不是为了把新旧思想调和成良莠不分，而是一种创新——『超胜』出一种属于全人类的新文明。二十世纪的『民国西学』，是人类新文明的一个环节，值得我们捡起来，重头到底地细细阅读，好好思考。上海社会科学院出版社邀我主编『民国西学要籍汉译文献』，献弁言于此，是为序。

2016 年 3 月 20 日，于阳光新景寓所

房屋合作運動

[英]柏爾曼(H.Bellman)著
許心武 譯

中華民國二十二年一月初版

序

房屋合作制度昉自英國而推行於歐美。其始創者憫於勞工居處之惡劣，生活之低下，欲以自助互助之力量，使工人能集腋成裘，造成廣廈以安其生而樂其居。然以人口自然之增加，都市之發達，需要居住之房屋豈獨勞工。任舉吾國一名城大鎮有一不感於人口衆多居屋狹隘，而居民無力以建造房屋者乎。南京號稱國都，而來者都有無地自容無屋自居之苦。其他都會鄉村，雖對於房屋之需要有程度之差別而其需要則一也。予友許君心武素精工程學術。對於房屋合作運動，提倡尤力。特譯建築合作運動一書以公於世。余知此書一出必有以一新國人之耳目而建設中國房屋合作運動之基礎者。至其內容，讀者自知之，毋待贅論。

中華民國十七年六月二十七日唐啓宇序於南京

可別爲下列數種。

(一)購置已建築之房屋供自己居住或營業。

(二)助成居室之建築或就已成之產業擴充新建築。

(三)應付已經成立之抑欵。

法定結合的房屋社並不擔任建築房屋或其他類似的投機事業，亦不常予經營房產事業者以經濟上的援助，而法律上的制限且不許經營買賣不屬自用之房基地。因是房屋社之名稱與其實際殆若不相符合，其組織之兩重目的且亦不能豁然呈露於外，除一小部份自由結合房屋社外，祇宜適用之於最初時期之組合而已。惟以此項名詞沿用已久，驟予改易反足滋意義上的誤會也。

房屋合作運動之範圍逐漸擴展達於全國，積其經驗所得，頗能以經濟的管理方法求實現投資人與借欵人協作之原則。並從而產生充分的準備金以應付額外需要。多數大規模之房屋社所付於投資人與取之於借欵人之利率相差祇百分之一。即已足以應付需要維持業務，此管理合法之明證也。

即以安全之程度而論，房屋社之存款及股份在今日殆可謂爲最穩健之投資。其爲衆人所公認者，投資人利益之擔保不獨在初次抵押之不動產與押成數留有安全之餘地，尤以貸款人之目的在取得其房室所有權，其理想之實現惟有於契約之完成中求之。此在無形中亦爲一重有力的保障也。

大致近代房屋社專爲便利下列之三種人計。

(一)按星期或按月以零款儲存之儲款人，其儲蓄款項以複利息計。

(二)以巨款投資社中之存款人或股東。

(三)向社中借債之貸款人。

定期存立與永久存立之房屋社之分別由於事業上的進化。最初成立之房屋社全數爲定期存立性質，其社員有一定數目。比各人所求取之利益達到以後，即告結束。凡永久存立之房屋社，其章程並不規定業務終了之時期，對於投資爲股東者認購股份數目亦無限制。此種制度顯示可以無限制的擴充，因此多數房屋社常能增加股份盡量發展。

定期存立之房屋社今猶繼續存在。註冊主任之週年報告中且常載有此種新組合。惟社會上對之已不甚重視，其特點在較諸經濟組織已經健全之永久房屋社尤爲重視社員之特殊利益。本書所述當側重永久房屋社，因勢力雄厚之組合皆屬此類故也。法定結合及自由結合之意義亦復有法律上的區別，於次章歷史的背景中當再述及。

第二章　歷史的背景

房屋社之起源不知所自昉，撰述家多以一七九五年白敏罕（Birmingham）之房屋會爲其濫觴。但證以精密的考據，則一七八一年十二月三日在白敏罕成立之房屋社已詔示吾人以具體的組合。朗佛（Langford）於所著「一百年來白敏罕之生活」有云，此爲創立大規模的房屋社之先聲，讀者當毋震驚於其規畫之宏廓也。茲將此項建議及其辦法詳之如下。

一七八一年十二月三日。 就吉倫君（William Jenning）所有地產沿迭帶頓村之佈雷福街阿爭斯特街倫卜街摩斯雷街畢華街及奇勃賽並新闢之雷佛街及朗勃雷恭街創立房屋社之提議。

一、凡創辦人須於每月第一星期一晚會集於奇勃賽之風堂，並向本社會計按股繳納半格尼。（Guinea為往時英國行使之金幣，値二十一先令），用便集資辦理計畫中之事項。

二、管理委員會委員七人，由創辦人逐年選舉，主持社中一切事務。

三、擔認三股之創辦人須建築價値二百格尼之房屋一所或一所以上。擔認兩股之創辦人須建築價値一百四十金磅之房屋一所或一所以上。擔認一股之創辦人須建築價値七十金磅之房屋一所。

四、所有前項房屋之租金及其他收入統由會計徵收歸入金庫。

五、委員會有訂定契約租借房基地之權，其條件務取利益相當，期限不得少於一百十年，每方碼地租不得超過三辨士半。

六、過半數之創辦人有制定一切條例規程細則命令之權，俾一般社員共同遵守施行。

七、房基地界限既經劃定以後，適用抽籤法分配與各創辦人，並分別簽立租約。惟此項租約在房屋建築完竣以前應歸委員會保管。

八、第一期付款每股十先令六辨士，應於即日（一七八一年十二月三日）繳納，其關於本規畫之具體方案由會議確定之。

司克納屈萊氏（Arthur Scratchley）爲創立永久房屋社最早之一人，其所著房屋社通論於一八五七年出版。書中述最早之房屋社於一八一五年成立於可克卜雷（Kirkcudbright）之一村落中，由發爾可克之伯爵處理其事。其他類似之組合亦皆先後在英國境內各地成立，如門采司特（Manchester）附近利勿浦及北部各地之組合皆採行其制。除上述例證及一七九五年成立之房屋社以外，更有可以證明英國房屋社之制度實造端於蘇格蘭者，尚有關於賓萊房屋社之記載及一八一二年五月一日勃萊特赫欽遜（Pratt V. Hutchinson）某項訟案定讞之判詞。此項判詞頗涉及當時房屋社之組織法，可與一七八一年成立之房屋社參證比較。茲摘錄其一節如次。

關於一八零九年十二月七日定期付款之債務，被告人應照原約罰款四百二十金磅給予原告人格林威聯合房屋社(Greenwich Union Bldg. Soc.)之會計。查……簽於一八零九年一月七日訂立契約，創立格林威聯合房屋社，適用按月付款辦法集合資本建築房屋，並即根據附列條文分配產權。此項契約第一條載明該社社員以五十人為限，額定二百股，每股二百十金磅。又第五條載明凡社員每在社款積至一百金磅時，應即選定房基地。又第八條第九條第十條及第十一條載明每股應包括居室一所，物料工程務取堅實，並須在通知書送達後一星期以內，由瓦木工匠開始工作，三星期以內做好屋頂，六個月以內完全竣工，如有延宕，瓦木工匠或其他有關係之承攬人須認罰其工料價銀之百分之五，會計爲要求付欵辦法之有效而提出訴訟，結果該社獲勝訴。在以立法手續制定條例以前，凡社員皆與本社分別簽立契約，並將執業產契連同借據繳存社中擔保借款利息，此項利息並未列入按月付還欵項計算。在所有社員付足股本二百十金磅時，社務即爲終了。至是押借欵項之社員得領回契據並即解除責任，而未經押借欵項之社員則收回其已繳之股本。

賓萊房屋社於一八零七年二月三日並訂有一種契約，規定該社管理人所購之地須按照社員股份之多少分別建築房屋爲社員享有之產業也。

吾人當注意房屋社之名最初祇以代表此類組合。其後時代推演，辦法改易，含義蓋亦稍稍異矣。

此種建設事業之運動適產生於法國革命時期初非偶然。當時一般人對於社會之觀念頗已感覺有急切尋求新生命之需要。然九月事變之後，因循委靡之政治當局厭惡維新之心理足以阻礙立法的改善。憂時之士乃相率以提倡新建設爲己任，使大不列顛在國際間嶄然爲改造社會之急先鋒。如科拔(William Cobbett)勃萊斯 (Francis Place) 及佛雷夫人(Mrs. Fry) 胥能盡全力於改造工作的鼓吹。讀雷卡多 (Recardo) 一八一七年出版之政治經濟及稅制原理，可以知時人對於社會問題興奮之程度。

鼓勵一切社會分子之居室所有權而引起其責任心，足以確立個人生活之安全與滿足。此項運動之影響於羣衆者爲何如，不難就英國之社會史求得之也。

一七九三年，即英國對法宣戰之年，國會始通過協濟會 (Friendly Society) 條例。一七九四年最早之合作社成立，越五年，溫多佛 (Wendover) 之牧師創立最早之英國儲蓄銀行。其他多數有名之保險公司亦皆發端于此時期。

從前協濟會及房屋頗互有密切之關係，其于法律方面的關係爲尤著。近世通行之協濟社制度實濫觴於中古世，當時貿易或別種職業公會即今之協濟社與商業聯合會也。最早之協濟社成立於赫格羅，(Huguenot) 其時期至少當在房屋社創立以前一百年。上述各種組合大致目的相同，范肯遜氏（J. Frome Wilkinson）所謂「此爲英國實業界相與週轉金融接濟需要之方法，初未嘗有所師承，非法令所致，亦非先哲所道。」

房屋社自一八三四年起始依據協濟社條例註冊領照，旋因數目激增，一八三六年國會復通過新條例。此案爲拉斯（Spring Rice 嗣爲最高法院院長，）所提出，不獨確定房屋社與協濟社條例之關係，且以特殊權利予諸社員，是爲管理房屋社條例。其主要目的於篇首言之甚詳，茲錄之如次。

「查國內各地投資組織房屋社者漸次增多，主其事者率皆實業階級，意在以分期付欵辦法協助社員享有小規模之不動產權，用謀增進生活上之幸福。國家對於此種組合及其產業亟應加以保護，以示鼓勵……」

前此頒行之管理協濟社條例對於房屋社有適用之可能者一律採入一八三六年條例之內。此種立法手續上未爲允當，是以動起糾紛，滋人怨懟。新條例並規定凡房屋社一切章程規則須由特派員負責保證全體社員共同遵守。又規定社務統由管理委員會主持，社中產業均以委諸管理人，彼對於社員要求之事項有斟酌情形分別贊否之權，兼以仲裁資格息止社員間的爭端。房屋社得被豁免印花稅及後此須行之稅制上的義務，此在當時實爲一種最惠條件。新條例對於訂立契約之手續較爲簡單，規定收回產業之時需別訂契約，但由社務管理人就原訂押欵契約之背面簽立收據，則法律上之手續已備，押欵契約不復存在，並將應得產業交與本人收執。其於現行法定收據方式頗已立其基礎。

自一八三六年頒行新條例以後之十四年間，房屋社事業頗有突飛之進步。稽之簿冊所紀，截至一八五〇年九月三十日爲止，全國註冊之房屋社達二千以上，就中英倫在是年九個月間增加數目占一百六十九，蘇格蘭及愛爾蘭增加數目亦復相當。一八五七年尙繼續存在者數爲一千二百，其總收入約計爲每年 2,400,000金磅，亦有二三組合其獨家收入每年達50,000至60,000金磅。

經始之時，管理上的缺點為不可避免之事實。其尤甚者至有一部份房屋社根據錯誤之原則訂定付欵辦法，核其數目可以知其於財政及複利息法全不了了。惟當事人苟取可以資為模範之先例參校斟酌，然後公佈計畫徵求協作，庶免發生此弊損害前途。

下列廣告發現於一八五〇年五月出版之某週刊，附錄於此，以示計算錯誤之一例。

「……房屋及投資社之大勝利。　於十年內分期付存每三十金磅者獲七十金磅。注意　凡……房屋及儲蓄社之社員現（第二年之終）可收回所付金額之全部及按年百分之一八、二五之利息。」

另一廣告計亦同時發表，竭力說明「不投機，亦不以冒險之行為求不可知之結果，但以穩健有效勝利可操之方法，集合多人協謀全體之利益。」所謂結果並非不定。信非過甚其辭。

多數著述家皆認永久房屋社始盛於一八四六年左右，其社員分為兩種。

（甲）不借欵之社員，即投資人。

（乙）借欵之社員，即本社之債務人。

就第一種社員說，可以知其何時開始投資，或投資之數是何如，完全不生問題。對於借欵人雖或斟酌情形通融辦理，條件各因其個人之情形而異，但亦不至影響及於彼等應得之利息。貸欵之期間久暫不一致。社員則隨時皆可加入，不須追認以前付欵。因此無論何時社中皆有可恃之資本與來源足以供其支配。

結果在三十年間，房屋社之設施頗引起羣衆濃厚之興味，或嘗加以討論。一八七一年，政府組織委員會，責成研究房屋社之工作狀況並即報告所得。一八七四年，政府根據委員會報告提出之建議案經國會通過，是爲現行制度之基礎。

一八七四年條例益注意於社員之權利及其保障。社員之責任止於其認而未繳之餘欵，或其押借之債欵。放款須有制限。新組織之房屋社一律爲法定結合的，已成立之房屋社亦得呈請改爲法定結合的。既而一八三六年條例對於一八五六年以後依據該條例存立之自由結合的房屋社不復發生效力。此項組合於限一八九六年八月二十五日以前改爲法定結合的，否則不得繼續作業。

自是房屋社共有兩種合法的組織。

(一)在一八五七年以前依據一八三六年條例成立之自由結合的房屋社，其社務由管理人負完全責任。

(二)法定結合的房屋社復有兩種，(甲)在一八七四年條例公佈以前成立之組合其後因一八九四年條例之制限復依據一八七四年條例改爲法定結合者。(乙)在一八七四年條例公佈以後成立者，因之一律爲法定結合的。

據一九二五年籍冊所紀，以其財政狀況報告註冊處者計法定結合的房屋社一千零八十八，自由結合的房屋社三十九。

述房屋社之歷史荀將司托波克(Starrbowkett)派之房屋社略去不談，未爲完備。此項組合之數目亦達一千以上，屬定期存立性質，惟辦法與前此所述不盡相同，以是頗引起一般從事於房屋合作運動者之批評與非難。創辦人之主要目的在予社員以借款而豁免其利息。投資之社員亦復不求取得利益，但其儲款數目較少於貸款之社員。貸款之條件異常寬假，並不規定利息。社中集款達規定之數目時，即以抽籤法貸與社員之一，約定年限，分期償還，同時仍繼續盡儲款之義務。可知豁免利息之說實亦成為問題。但波克博士則謂社員長時期的歲以零款貸與本社，而社中短時期的以整款貸與社員，雙方各無利息。其言雖辯，終無以服難者之心理，至多亦祇可謂為交換利息而已。又得標社員如不欲押借款項，則社中得以其機會售與他人，以取利益。此為一般不貸款及籤抽失敗之社員生利之源。是故處分貸款有抽籤及出售兩種方法，出售所得之利益則以歸之公庫。其後大部份組合多行出售貸款之權而廢抽籤，以求多取利益。失本意矣。

此種交易貸款辦法施行未久，人多病之，以其不獨在理論上無充分之根據，甚且足以妨害房屋合作運動前途之進展。亦有別種經營方法弊病叢生，缺點暴露，足以引起社會之懷疑恐懼。其最著者莫如社員中止履行押欵契約。房屋社空有房產，反使金融停滯，不易迴轉。又如大宗存欵規定可以定期提取，如或缺乏流通資本，或社中庫藏貨經貸出成爲長期間之債務，則危險情形尤爲可慮。此非待列布雷脫（Liberator）之慘敗。當其事者固已憬然改善立法之必要，以謀保障房屋社全體之利益，因大部份之組合多具有完密之管理法也。列布雷脫房屋社成立於一八七四年，脫法定結合，信用業不甚著，以一八九二年倒閉。其結果致社會對於房屋社之信任心忽然喪失，初不察列布雷脫事實上早已中止履行法律上的義務也。

是時政府旣擬有救濟辦法，社員方面亦頗發表主張以供採擇。乃遴選專家組織委員會從事考慮，任格拉司東（Herbert Gladstone）爲主席。結果房屋社條例於一八九四年通過。責令所有法定結合的房屋社須依照規定格式呈報下列事項。

（一）個人押欵超過五千金磅以上。

（二）因社員中止履行押欵契約，社中攬有此項房產至十二個月以上。

（三）延付押款至十二個月以上。

新條例所規定頗引起反對，始頒行之數月間常多違抗。及時久效著，遂亦安之。其最足稱者，則爲在此嚴重時期，乃能逐漸恢復社會對於房屋社在一八九二年事變之後既失之信任是也。

在一九一一年別拔克銀行（Birkbeck Bank）倒閉之後，房屋社獨能繼續發展，不受若何影響，是誠大奇。既而歐戰爆裂亦無損害，繼且復躁進。其能完成提倡儲蓄及居室所有權之宏願尤能得世人無限之同情與贊許。最近國務總理至謂房屋合作運動如是猛進，乃「鞏固國基之好現象。」又謂「房屋社之作業及其旨趣足以自介於一切思想界。」遡溯一七八一年房屋社方始萌芽，彼白敏罕奇勃發風黨之主人直未夢見具有社會思想之士之往遊者遂從此樹立其基礎，使其事業徧於國中，風聲被於海外。彼創始者之所成就可謂過於其所逆料者矣。

第三章　失敗與停頓

列布雷特之失敗雖已三十四年，但其事跡茲仍叙錄於此。大致過去的懷疑恐懼消釋甚難。一般年事已長或神經過敏者回溯前情，若有餘怖，意謂一八九二年十月之事變猶在醞釀，殆時時有復現於今日之可能。實則此點究無幾人直知底蘊。是故摘取當時實錄，用作考證，固非無裨益也。

十月五日時報記事一則誌此次劇烈風潮掀動之始。錄之如次。

「列布雷特房屋社　昨倫敦市審判廳克廳長接受呈文一件，請求勒令列布雷特房屋社結束清理。過卜朗律師代表具呈人住居海倫街十六號及十七號之阿萊氏及商氏宣稱，該社始創於一八六八年，旋於一八七四年遵照是年頒行之條例改爲法定結合。據其最近報告所列，截至年前十二月終爲止，社中負擔計股東繳款1,661,065金磅，儲款人存款1,652,292金磅。其他債務176,610金磅。其所有資產計押款3,423,074金磅。準備金及房屋用具等20,714金磅，結存現金及銀行存款[illegible]46,178金磅，因倫敦吉勸銀行之停業。致該社不能應付社員及存款人之要求提款引退。具呈人是以陳請法庭根據公司條例強迫該社結束清理。荷勒金君代表投資社員四人，據稱此四人者又代表投資社員六百人，投資總額可300,000金磅。股東大會推定委員會考慮此事。結果一致主張法庭下令結束清理，因彼等志在改組也。克臘長謂各方面關係人皆認強迫該社結束清理爲唯一之善後辦法，將批令照辦，惟其費用須由該社負擔云云。」

列布當特爲當時大規模的組合之一，資本號稱7,000,000金磅。其主要分子爲巴爾福氏。(J. S. Balfour)同時倫敦吉勒銀行地產貿易公司及房產信托公司皆與此次破產案有關連。

巴爾福同時爲彭萊(Burnley)籍國會議員，在此風潮擾攘之中避匿阿根廷(Argantine)境內，以圖倖脫。一八九三年四月爲當局在別奴厄(Buenos Aires)踪跡得之，一八九四年一月被捕，經向阿根廷政府交涉引渡，遂於同年五月六日解回英倫。

巴爾福並其他四人因關於地產貿易公司及房產信托公司兩案併發，被控詐欺取財罪。於一八九四年十月二十五日及十一月二十八日分別開庭審理。當時檢察長宣告負擔總額達8,360,804金磅，估計資產才及 3,033,154 金磅。計股東23,000人，債權者28,000人。結果判定巴爾福罰充苦工十四年。審判長布羅士(Bruce)並對巴爾福云：「汝爲案中主犯無可懷疑。汝身爲領袖，規畫指導並操縱此重大之事業，乃社會之所托命。乃竟以汝不忠實之行爲，濫支巨欵，供汝私圖。」

時報名記者某亦指摘其事，以爲彼所以具有如是雄偉之財力者。蓋前此已數數以詐欺之行爲施之於一般窮而無告之民。而濟之以圓滑之手段以售其奸。此種舉動（指關於列布甫特事）雖未嘗直接的受懲罰或並不受法律上的制裁。固大足以引起羣衆之憤怒與憎惡也。

當事變發生之後。社會對於被損失者深致憐憫。皇子非斯欽(Prince Christian)及第一國家籌賑會(The First National Appeal for Help)因濟理人之同意。於一八九二年十二月十八日發起列布甫特賑欵。據管理委員會所報告，截至一八九三年終爲止，共得捐欵33,000金磅，得被拯濟者以千計。最後捐欵總額達114,000 金磅，至一九〇三年四月爲止。計支出92,000金磅。

總之列有雷特實際上已不得謂之爲房屋社。彼且久已中止房屋社之事務，其資本乃盡援的用之於投機事業，所有房屋社之原則皆爲一一蹂躪無餘。全國各地房屋社經理因是深感改進立法之需要，協謀所以糾正之途術，俾房屋社不致再蒙擾攘致失社會之信任。但此目的迄未達到，雖在今日固猶值得吾人考慮。假使國會能容納房屋社聯合會之提議， 限制一切房屋社經營銀行事業 ，則一九一一年別拔克之失敗庶幾乎免也。

大凡不幸之結果發生，皆由於未能嚴格的施行房屋社之原則，別拔克適坐此弊。就其行事觀之，與其謂之爲房屋社，毋寧謂之爲銀行爲較合實際。其顯然可信者莫如註冊主任之報告所錄，據云該社所營押款祇760,000 金磅。而其他資產竟達11,500,08金磅。房屋社聯合會主席在該社失敗後之年會中亦云。「別拔克並非法定結合的房屋社，彼初未援據房屋社條例進行作業，亦未採行一切法定結合的房屋社共同遵守之規程。其困難之發生初不在房屋社事業而在銀行事業。」經收人於其報告中所言更爲切當。渠謂該社失敗由於兩種原因。其一，抵押品價格之跌落，而該社實持有其大部份。其二，缺乏經營銀行業之經驗。

此外尚有少數其他組合失敗事跡，以關次要，茲可從略。

或謂前述兩項失敗之印象倘繼續存在於群衆之心理中。則其對於房屋社之恐懼懷疑將無由破除，此亦不然。保險及銀行事業時常發現失敗或欺詐之先例，然群衆初未因此對於一切保險或銀行事業之組合施以抨擊，不加信任。則其無損於房屋社穩固安全之信用可以斷言。房屋社蓋亦如其他商業組合然，茲已經過危險時期，而日即於安全之境。此蓋行事公開，管理縝密，以及社員與當事人協謀合作以求取得社會之信任心有以致之。

列布倩特及別拔克之失敗其足以影響於房屋社事業之進展者可於註册主任之統計表證之。當時法定結合的房屋社之資本驟然降落。在一八八七年爲54,000,000金磅。

及一八九五年乃降至43,750,000金磅。比一八九八年始見起色。至一九一一年祇略受打擊，卽復繼續進展。其關於社員之統計，則一八九三年較一八九一年減少52,000人，一九一一年較一九一〇年減少2,500人而强。

關於房屋合作運動之過去的失敗大致如此。至其最近狀況當續詳之。

第四章　立法及管理

關於房屋社之立法由國會訂定之。由協助社註册主任執行之。房屋社卽依此條例施行一切。

當一八七四年條例通過之後，所有已經成立之建築社未曾改爲法定結合者亦歸統馭。次年註册處根據協助社新條例成立。蘇格蘭及愛爾蘭皆設分處，各置主任。一八九六年又改訂辦法，規定前此賦與英倫法定結合的房屋社註册主任之權限，及審查員審定儲蓄銀行協助社及法定結合的房屋社規程之權，統行併歸總註册處。總註册主任製定逐年報銷及報告格式頒行各房屋社填送，並即據情呈報國會。其內容包括社員數目收支各款準備金負債及資產等項。茲特摘取一例附列本書，並以見最近之概況也。

房屋社在組織成立以前應繕具呈文，由社員三人及其秘書或經理署名，連同組織規程二份呈請註冊主任核准備案給予執照。此項組織確定社務管理人及社員共同遵守。如有未盡事宜，須經多數社員之同意及註冊主任之批准始能修正。其中併須在一八七四年條例規定範圍之內，訂明資本用途及其宗旨。例如房屋社不得有經營別種企業，或貸資與非社員，或永久享有停贖及收買土地之權。退出股份及贖回押款之條件均須明白規定，勿使當事人將來有爭辯伸縮之餘地。各項罰款亦須訂明數目及其限度。組織規程經註冊主任批准之後。其一份仍連同執照發還社務秘書或經理。另一份則註冊存檔。

房屋社須將收支賬項債務及資產統計分別繕入註冊主任製定頒行之表式。即所謂巴力門式之簿記，交由會計師校核署名，然後呈報註冊主任，並分致各社員及儲款人，至少每年一次，先後銜接，其時期務在各年度終了以後之三個月內。報告中必須載明結欠股東儲款人及債權人之總數，同時並須載明借款人之數目戶名與負債之總數，兼及投資於公債及其他抵押品之總數。個人借款在 5,000金磅以下者須按下列標準分別註明即。

(一)債款在500金磅以下者。

(二)債款在500金磅至1,000金磅者。

(三)債款在1,000金磅至3,000金磅者。

(四)債款在3,000金磅至5,000金磅者。

分期付還之款停付至十二個月以上或抵押產業收歸社有至十二個月以上者均未列入。別與5,000 金磅以上之押款賬略列附件以詳之。

是項報告由總註冊處逐條稽核，如有未當，即時處分。此種簿記格式即所謂第二號簿記者，實用上殊極便利，初非按據理想而出之。分別門類記載全年施行事項是其特長，故能將一切內容盡行呈露，靡由隱飾。但專家以爲是者，常人或反覺其糾紛煩複，於數目加減之中竟無從得損益之統計，滋人迷惑，未免缺憾。近來各房屋社多於法定方式之外附列簡明損益統計表，俾易明瞭。

不上報告或報告有錯誤而拒絕更正者處罰甚嚴，在送達通知書限令兩個月執行之期間終了以後，該社倘仍延不遵辦，註冊主任有派員視察招集特別會議之權。違犯章程之房屋社或竟被撤消執照。至於過失出於無心或程式有錯誤，在缺乏經驗之房屋社乃屬常有之事，註冊主任亦能予以諒解，商量校正，不加處分。

會計師對於房屋社之賬略稽核綦嚴，其證明書亦翔實可據。不但每項押欵契約逐一致核，即其抵押品亦皆一一加以證驗。茲將此項證明書之普通方式錄之如次，以資參考。

「余等受任該房屋社會計師之職，茲特證明前項報告及報告並皆核實無訛，與法律所規定相符合。余等並聲明余等均已逐一考核前項報銷及報告所載各項押款契約及其他抵押品之屬於該社者，其在……日以後已經取贖者不在此限。」

上述日期乃該社年度終了之日。有時並附帶聲明所有自該日起取贖抵押品應付該社各款均已清結。

根據一八七四年條例，凡法定結合的房屋社得以其餘款經營永久執業或長期租借之不動產押款，及以國庫擔保或別項擔保品之押款，惟須由國會擔保付息。一八九四年條例第十七條又廣其意義，規定房屋社管理人於法律所規定之期間以內，得投資於一切有擔保品之押款。但其職權不得溢出限度之外。此種制限誠屬重要，房屋社所以能為安全的投資事業而見信於人人，乃特此為基礎也。

房屋社之管理純取共和制度。一切規程皆由社員於大會決定之。其董事或社務委員會委員及會計師均於年會選舉之。董事多為社中具有聲望之社員，十二個月之社員資格亦或定為被選舉之必要的條件。董事對於社員負執行社務之責任，雖權柄甚大，但除社員特加信任，許以便宜行事，亦復不得溢出範圍，章程中尤注意於規定社款利用之方法，關於此層彼等所處之地位，乃恰似公司中之董事。凡資本之用途有不爲公司所許可者，須認賠償之責，不論其用心如何忠實也。例如該社並非初期押欵之承借人。而以欵貸之於二期押欵者，則有關係之董事須認賠償該社因此所受之任何損失。

董事或其他職員除規定之報酬以外，不得因該社貸欵事務受取任何利益或佣金。

社務秘書或經理所處地位異常重要。彼爲職員中之主幹，在董事指導之下，主持一切社務，但不得變更其固有方針。彼應担任辦理逐年報銷及財政報告。如有詐欺隱匿情事發生，得處以二十金磅之罰金。設再違犯，則繼續處之每星期五金磅之罰金。所有該社致註冊主任公文例須由秘書或經理具名或副署，彼亦得因章程之規定，参加社員大會及董事會，並擔任記錄會計及繕發文件等事。

凡房屋社須聘用會計師一人或二人，其章程或辦事細則並須訂明聘用報酬及解職名條件。一八九四年條例但規定須執行會計師業務者一項資格，餘皆未入。

法律上於會計師之資格及能力並無審查手續之制定，則凡執行會計師業務者不論何人皆可當選，是誠可異之點。所幸事實的方面各建築社對於此項任務之人選則甚異常慎重，不致落人批評。設條例規定會計師須具有考試及格及會在政府認可之會計師公會註冊爲會員之資格，並不甚難。但竟留有滋生流弊之餘地，殊不可解。惟新南威爾斯（New South Wales）一九二三年條例有須經註冊主任批准之規定，被選人經提出之後，苟其資格經驗皆稱職，即予批准。

會計師之任務具詳證明書中。如前所舉例。其責任異常重大，因有識之社員屬望於會計師者，並不止於稽核數目審定報銷也。

部份房屋社或且聘用董事會計師一人。彼亦得爲董事之一。其任務在予董事以意見上的貢獻，藉以確定關於本社簿記投資及押款等事項之方針。直接對於董事負責。但此並非法定委任耳。

房屋社亦多聘用法律顧問及測量員。此項職員並未載在房屋社條例之內，但在一八九四年條例二十三條則亦規定彼等亦如其他職員，不得因該社貸欵事務受取任何額外利益或佣金。測量員之任務在估計抵押產業之價值。法律顧問在職權範圍之內，負責担任辦理法制文件，及予董事會以關於法律事項之意見上的貢獻。

第五章　投資之辦法

凡管理完善的法定結合的房屋社獨能注全力爲零星欵項之投資人計安全，此一切商業組合所不能及。觀於近年進展之迅速，可以知其得社會之信任。經濟組合不論小大，不能絕對無財政上的糾紛，亦不能絕對公開悉人稽核如房屋社之所爲。故投資於房屋社，可保無耗損折蝕之虞，而有積聚之益與優厚之利，誠利用資本之最美滿的方法也。

房屋社唯一之資產在抑款、其擔保品爲永久執業或長期租借之不動產。擔保品之選擇甚嚴，以初期抵押者爲限，估計價值並須留安全之餘地。盈餘及準備金亦或供投資之用，但益注意於擔保品之折價，抑款貸出之後，由借款人按月或按季付還本息。故歷時久安全之程度亦益增加。而零星款項之投資人所恃信之擔保品蓋亦如出巨資者。

利息及辦法在國內各處稍有異同，但其投資方式不外兩種，即認股與存款是也。

存款人所得利息常較低於股東。除結束清理以外，亦不得先股東提取款項。但於擔保利益或賠償損害皆取得優先權，地位益較安全。房屋社付與存款人之利息常達百分之四，較諸銀行利率優厚已多，其有賴於零星款項之投資人甚屬顯然。存款人並非社員，但亦得因章程之規定自動的成爲社員。

根據一八七四年房屋社條例第十五條之規定，房屋社接受存款以達到其抑存資產之三分之二爲限度。第十五條並第十四條原文常刊載存摺，茲錄其第十五條。

關於建築社徵集款項之辦法規定如左。

(一)凡依據本條例存立之房屋社得依照本條規定之限度接受有息存欵或債欵於社員或他人或公司銀行或定期存立的房屋社能適應該社之要求者。

(二)凡永久房屋社接受之存欵或債欵未經該社付還者無論何時不得超過當時該社社員押存該社全部擔保品之三分之二。

(三)凡永久房屋社如是接受之欵項未經付還者，其全數或定爲不得超過前述之三分之二，或定爲不得超過當時有效股份於十二個月內之付欵。

(四)凡依據本條例存立之房屋社其存欵或債欵在本條例公佈施行以前根據該社組織規程成立者至是應宣佈有效，並由該社負責償還。除在本條例規定限度之內。該社不得繼續接受存欵或債欵

(五)凡房屋社因接受存欵或債欵而簽立之存摺收據或任何擔保品統須刊載或抄錄本條例第十四條及第十五條全文。

尚有一事足以引起吾人注意且覺其可異者，則一八七四年條例不許房屋社根據其

他資產如有價證券之類徵集存欵或借欵是也。當歐戰終了之後，多數房屋社以其資本應戰爭公債，援此規定，借務不得爲徵集存欵之擔保品，致業務爲之暫時停頓。凡房屋社未經規定在提取欵項之一個月以前須送達通知書於董事會者，不得徵集存欵，違者罰其董事。房屋社章程亦往往規定如綜合存欵人通知書提取之金額超過該社所能應付之數目，則按送達通知書之先後付欵。此種規定時亦引起糾紛，訟之法庭。但房屋社倘有充分之準備金以供流通，則亦不生問題。影響徧於全國而財政少有困難如房屋社或銀行事業者，自可毋慮根本上發生危險。況在國內大多數事業雄偉之房屋社可信其每一金磅之存欵皆有若干倍之資財或現金爲之保障。房屋社接受存欵固不嘗達到規定之限度，甚至其章程中且訂明接受存欵之總額以抑存資產之三分之一爲限度。則視條例所規定之保障又增加一倍。亦有少數組合全不接受存欵，其於投資人之利益的保障愈加鞏固矣。

認股約分兩種辦法。

(一)一次付足之股份。

(二)分期付欵之股份。

凡一次付足之股份須按照票面數目在認股時繳足。此項股份之名稱在各房屋社不甚一致。分期付欵之股份對於儲蓄存欵者最稱便利。一部份房屋社規定分期付欵數目前後一致，並無增損。

倫敦各大房屋社付出之利率約爲百分之四．五至百分之五，並無所得稅。在中部及北部之幣值較低利率爲百分之四至百分之四．五有時亦竟可達百分之五凡利息免征所得稅，可知投資人於徵收全部所得稅之事業可得更優厚之利益。

建築社往往廣告分期付欵之股份可得百分之六之利息固是事實。但吾人當注意此種利率惟能於特殊之條件得之，其最著者如規定在約定之期間以內，必須按期繳濟應付欵項，方得享有某種額外利益，其數甚根據將來之情形訂之。如股東中止履行此條件者即失其應得之額外利益，或其所得反較低於其他股東。故知實際上但有極少數股東館得此優厚之利息，如廣告所云云耳。

一八七四年第十四條規定股東在本社有結束清理之事項發生時負責之限度，其文如左。

「凡依據本條例存立之房屋社，其社員如認股而未借款，則其責任應以已付之款或過期未付之款爲限度。如認股並已借款，則其責任應以該項契約或章程所規定應付之欵爲限度。」

按最近之經驗，各房屋社已不復確定分期付欵之股份應如何付欵，則股東對於負擔損失之責任應以已付之股欵爲限度。關於支付股息及銀利應用之方法各處頗不一致。在倫敦及南部皆每半年付息一次，溫股息單或支票支付現欵，其願意儲存者聽便。各地方之房屋社其著者如南開(Lancashire)約克(Yorkshire)等處則因投資人之要求支付利息。否則即以加入存項，實即複利息的儲蓄也。

存欵利息常自收欵之次日起計算，至提欵之日爲止。股息計算之方法並不一律，或採用計算存款利息方法，或自收款之下月一日起計算利息至通知提款之日為止。

此種投資方法既極簡單，前途亦復安全，且無佣金回扣及印花稅種種消費，此皆別項企業所不可免者。有時亦稍稍取入社費，以供印刷章程及銀摺之需。但其他關於投資入社之各項費用皆已取消。間亦有人議及分期付款之股東因不付款而被處以罰金一層不適用，以其意於儲蓄正有賴於負社務之責者提倡而策進之，非懲罰所能速效。但難之者謂社中因股東不付款而失去的利益將取償於罰金，固亦不可指為過當。此項事例前已述及，大致以取懲戒說為有當於實際，以其對於投資人個人方面為有利的政策，而社務亦可因此便利進行。

投資人得被豁免所得稅之歷史不可不一敘及。初，借款人得根據法律從所付利息扣存所得稅，房屋社亦就付與投資人之利息扣存所得稅，而投資人復要求給予證明向稅收當局要求發還（參看附錄六）。因此個人及房屋社與稅收當局間之糾紛頗苦不得解決。曾有一時期且互用兩種付款辦法，即所謂甲種辦法與乙種辦法者（附錄六），手績上更感困難。若兩者相較，則乙種辦法稍便利，因直接由房屋社根據付與存欵人及股東之利息及紅利之全額按定率計稅欵付交賦稅司。(Inland Revenue Dept) 此欵不取之於投資人而取之於房屋社，故投資人所得反爲淨利。惟並無發還社中代納稅款之權。此可注意之點也。

乙種辦法近已加以修正，原文詳附錄六。其特點在賦稅司因此可以避免應付退欵要求之麻煩，同時房屋社亦省却簽發憑證之工作及其費用。設此項辦法可以爲稅收當局對於建築社之讓步，則或以其爲有利於國家之事業，初非獨厚於彼特加顧念。而房屋社且固守其成見，以爲國家適用乙種辦法所得之稅收實已遠勝分別的取之於投資人。此種爭難亦復有相當之理由，蓋大部份之房屋社皆以零欵之投資人爲其重要分子，其收入常在徵稅限度之下，或雖納稅而減輕其率。又房屋社頗注意於酬蓄稚與靑年人儲蓄之願望。此在個人其數甚微。統計全體殊亦可觀。其利息皆已一併計算由房屋社代納所得稅也。

關於退還借款人依照甲種辦法納所得稅之辦法後當詳述。

從事投資於房屋社並不限於以置產為願望者。房屋社之投資人不必為借款人猶之乎存款人不必為投資人。凡投資於房屋社者不必希望利用其押款部，反之凡欲取得押借款項之便利者固亦不必先具有社員之資格。但不為謀經濟上的協助以置產者，宜可以無需乎利用房屋社耳。倫敦建築社 (London Society) 於其社章中對於此點釋之甚詳，該社有社員 50,050 人，其押借款項者不足 12,000 人。

如章程不加限制，則未成年者可加入法定結合的房屋社為股東。但在成年以前，不得投票表決及選舉或經理社務或將其股份自由讓與他人。童稚亦得有簽立債務之權。

房屋社與銀行事業並不立於敵對競爭之地位。彼自有其存立之目的，即提倡節儉及居室所有權是也。經長時期之試驗，知其為具有吸引力之免稅企業。且在金融恐慌時期，實業界一切事業皆為不振，房屋社獨能保持原狀繼續發展。以是知此種企業實具有不隨市面爲漲落之特性，屹然獨立於風潮之中，以自固其信用並以吸引未來之投資於實業者。

第六章　押欵事業

房屋社之有押欵部猶建築物之有基礎。押欵人即借欵社員享受之利益頗不爲少，然對於投資社員亦復與以相當之讓步，因無投資人則房屋社不復能活動。故條件凡有利於社欵之安全者，借欵人皆當予以接受。

茲將押欵之性質與其擔保品之種類略述如下。

押欵之意義爲移交產業以爲債務之擔保。亦即擬產者所恃以籌得一部份購價之方法。在簽立契據與受押人時，當將產契交存保障債權，直至債欵償清之日方得取回。

截至一九二六年一月爲止，經向法定結合的房屋社抵押之產業凡有三類，即永久執業之不動產長期租借之不動產及註冊管業之不動產是也。

永久執業之產契謂具有產業之絕對所有權，其享有地權者同時並絕對享有地面建築物之權。

長期租借之產契謂在規定之年限以內得享有產權。但須遵守原有業主提出之條件。

管業執照根據產業新律自一九二六年一月一日起已經取消。此與執業產契略相似，惟過戶之手續不同。

凡房屋社社員得借款與築購買或改造房屋以供居住或營業之需，或償還已成立之押欵。借款之擔保品以本社之測量員認可者爲限度，其估計價値折押成數又須留有餘地保障安全。務使在借款人破壞契約之後，變賣所得足以抵償欠付本利各欵及意外營用。故貸欵全額不得超過產業在苛酷條件之下而售脫之估價。大致折押價値爲測量員之許價或購價之百分之七十五至百分之八十，擇其低者以爲標準。

由是可知借欵人必須備有一部份資本至少爲其產價之五分之一，此乃房屋社押欵部一致採行之原則。根據上述標準，押借款項常爲產價之百分之七十五至百分之八十，且評價事務皆由社中聘任有經驗之專家行之，更足增加一重保障。

一部份房屋社規定貸款之辦法祇以購房屋供自用者爲限。但大規模之組合近已不復施行此種限制，即購買房屋供營業之需者亦得有借款之權也。

短期之租借產業不常能用作擔保借款乃自然之事實，其主因則爲借款清償之時期常自五年至十五年以至二十年。抑或原有業主提出過分要求爲借款人之能力所不勝，此在過去的經驗蓋往往而有。又或短期租借產業貶值過速，至於貸出款項不獲如數收償。種種顧慮皆足使房屋社爲之躊躇徘徊，不願擔任借款。

有時契約上附帶別種保證，則超過百分之七十五或百分之八十之借款亦復可得。類如：

（一）經保險公司擔任賠償意外損害者。

（二）經地方長官根據一九二三年房屋條例予以保證者。

(三)賸以別種擔保品或管理人之擔保者。

(四)賸以別種執業產契或租借產契者。

(五)以存欵之取償權爲擔保。

附帶保證有時亦復引起學理上或立法上的糾紛。前任房屋社註冊主任白拉澄(Edward Brohrook)於所著「房屋社」竭力否認此種辦法。從他方面觀之則其在法律上之地位如何，迄尚未得實例之證明。論者多謂審判長司忒林(Sterling)一八八九年判決之辦法在今日已不復能適用。吉波笙(Gilbertian)亦謂現行法令雖規定地方長官在某種條件之下得保證建築社之押欵，惟同時亦有一項訴訟案今猶懸而未決，在事實上殆無承認此種保證之可能。因各方對於此問題之意見不能一致，頗有一部份房屋社已確定貸欵之超溢常額者惟限於質押其他執業產契或租借產契者。或得有與本契約有關係的方面（或其所抵押的產業之實主）以其存欵之取償權賦與本社以爲擔保者。存欵之取償權雖憑契約或證券之文句而定，並無可以被擯之點。惟股票不適用，此無異於以房屋社之股份擔保借款，乃絕對的不可能者也。

一九二三年房產條例即所謂張伯倫條例（Chomberlin Act）者，承認地方長官得保證社員向房屋社借款至產價之百分之九十。其擔保之條件如下。

地方長官對於以實際押款爲本位時斷折之全量及設押款爲彼與貸款之房屋社雙方認可之估價之三分之二時斷折之全量之差應負完全責任。

房屋社應在得行變賣權之任何事項發生之一個月以前，負通知擔保之地方長官之責任。如經擔保人之要求，屆時並須實行變賣。惟擔保人在接受通知書以後有隨時償清押款取得契據之權。

在房屋社通知借款人承認展緩行契約之期間擔保人不得卸脫責任。

擔保任務以借款漸減至估價之百分之四十五時爲終了。

根據此種辦法房屋社之貸款可達估價之百分之九十。惟地方長官對於續借及續貸款項不生若何關係，因此乃房屋社關於造屋事項應有之任務也。

地方長官對於行使此項職權得自由決定取舍。但衛生部則恆加以鼓勵，欲其施行。大部份倫敦之房屋社不常傾向於此項擔保人，祇外省少數房屋社採行其法而已。房屋社及地方長官似皆忘於立法之改易，即最近之將來亦或少有態度上的變更。如社員除借欵之外別無餘蓄補充購價而欲增加借額者，則保險公司亦嘗出任擔保賠償房屋社因貸與欵項超溢常額而受之損失。

通常多規定適用此種辦法，其擔保品以準備自用之私人住宅爲限，其價值不得超過1,500金磅。除特別許可以外，抵押年限不得在二十年以上。押欵之最高限度不得超過房屋社估價之百分之九十。

此項擔保可由借欵人以優厚之報酬致之，其成數因抵押欵之條件或其他情形而異。此爲保險事業之一種新發展，營斯業者尙未能得充分之經驗以定其應得之利率。故高下參差不恆一致。

按通常規定之條件，凡房屋社應於該社得行變賣擔保品之權之任何事項發生之三個月以前通知保險公司，並正式要求照付本利各欵或照押欵契約在某一期間應付之欵項，如延不交付，則按照保險公司之意向進一步執行變賣權，或並及押欵契約上其他應有之步驟。又押欵因陸續付還漸減至房屋社估價之百分之四十五時，則保險公司即終止其擔保之任務。

此種辦法亦復有其缺點存在，即應行採取何種步驟對付破壞契約之行為，房屋社反以取決之權予之保險公司。則其所提出之辦法不如房屋社之所期，甚或妨害其應有之利益，非無多少之可能，此不可解也。

凡借欵人擇定房屋社之後，即塡寫請願書註明擔保品連同測量費送交房屋社。請願書中分別事項如產權地址租價稅率購價及其他併須一一塡註明白。

測量費不甚昂，於接受請願書時交付。房屋社之評價人乃就地察看一切，並以其折押價值報告於房屋社。房屋社又據以通知借欵人。如借欵人對於代與欵項認為同意而前此並非社員，須依照房屋社條例繳入社費及借欵手續費(通常祗數先令)取得社員資格。

上述辦法專爲已經建築之房產抵押款項之用。一部份房屋社並致力於協助借款人從事造屋，其手續須將建築圖樣及說明書交與房屋社測量員審查，經董事會議決貸以款項開始工作。一切工程務與圖樣及說明書完全符合。押借款項多係分期領付，藉以適應包工人之各期付款，其細則與貸款之房屋社訂定之。

測量費之多寡視產址與房屋社辦公處之距離及押借款項之數量而定。在規定距離之外並須開支旅費。

在建築房屋之期間應有開支由雙方協定之。因爲期與押款契約相符之故，測量員有隨時臨視工程之必要，並以視察所得報告於房屋社，其詳細報告爲董事會或管理委員會之所徵信。

接受借款人同意之答覆及其入社費以後，房屋社之律師應即審查產契，以其結果報告於房屋社，並準備各項應用文件。在一切手續均已齊備時，則通知借款人訂期締結借款契約，法律手續費因借款與工作之多寡及產址之距離而異。此項費用亦如測量費然，取值低廉，較諸其他營押款者開支之價格便宜多也。

所有產契及其他文件均歸房屋社保管，直至押款償清之日爲止，屆時借款人仍付與少數解約手續費或並及產權註册費。

償還押借款項之方法，多在約定期間以內，按月平均付款，本利兼核。清償期間之久暫不一致，借款人得自由擇定於五年至十五年之間，有時亦或過於十五年。此種辦法足以使借款人避免逐月計算償還數址之麻煩，而貸出全額亦較大於其他任何方法，因每項貸款在其規定之期間以內漸次減少故也。

除按月交付之定額以外，房屋社並多方鼓勵借款人增加付款減少債額。還本以後不復更計利息，並可因此減少按月付款或縮短償還期間。有時借款人亦竟可以一次付清債款之餘額，但常規定須先期通知，或付與規定期間之利息以代之。

亦復有人對於房屋社發生一種誤解，謂直至債款償清爲止，彼實操有抵押產業，因是躊躇不欲以購買房產之事使彼參與其間。實則房屋社之借欵社員並無此種不便。不論其原因何屬，彼可隨時根據願望處分產權。如彼欲出售，彼可自與對方訂立契約或由其自擇之經理人代任其事。彼但須保留其一部份賣價俾足抵償對於房屋社之債務。有時出售之議既定，房屋社律師亦可代表借欵社員提存賣價償還押欵。亦或買主願意繼承債務責任，則押欵契約仍可繼續存在。此時原借欵人所得為賣價減去債欵之餘額，而以償還之責委之買主。房屋社對於產業過戶，只須其人力足以擔負經濟上之責任，應無別項問題。惟種種條件必須事前商得各方同意方可施行。除另訂條文變更原約以外，原借欵人簽立契約應完全繼續有效，直至買主付清債欵為止。

如借欵人履行契約按期付欵，房屋社不得隨意收回押欵，亦不得無故增加利率。在倫敦及英倫之南部。如借欵人未嘗有破壞契約之行為時，則產權應受保障在借欵合同中為重要條件之一，外省房屋社則異於是，除破壞契約之外亦保留收回押欵之權，但不常見施行。實際上此項保留之權究竟有無何種利益尚是問題。惟國家有意外之變難時。借款人因受其影響，收入之來源既竭，亦無由質貸於人，致失其履行義務之能力，房屋社乃始有行使此種權限之機會。但在此時期擔保品之價值高下不定，房屋社宜不欲以冒險之行爲被損失也。

房屋社借款社員享有種種特殊利益爲其他一切押款人之所無甚爲顯然。常有押款人因押款突被收回，致蒙極大損失。即或別尋抵押應付困難，則以高抬利率及施行法律手續等事，所費亦頗不貲。惟房屋社借款社員絕無此種顧慮。

有時借款社員不得直接由付款項下扣存所得稅，但可按每年度付與房屋社之押款利息要求根據甲種辦法之規定發還其數。舊制借款人須向房屋社索得付息證。然後持與當地稅務監督商量發還。惟大部份借款人多不知有此種辦法，即亦失去一重利益。今已更改手續，由房屋社將借款人每年度所付利息造表彙報於其抵押產業所在地之稅務監督，酌量情由分別發還。於是得款者可毋待於請求。

請願借款者爲人是否可信，在房屋社方面亦或成爲考慮之點。然對於具有資產之舊社員則固不生問題，彼之存欵搢足以證明其具有良好的儲蓄習慣也。又借欵人所訂立之契約足以使其心志常縈繫在房室所有權之獲得，此在無形中蓋亦爲一重有力的保障。彼既具求有其房室之决心，又已施行其第一步以求達到此目的，則彼固將竭其力之所能以從事於計畫的貫澈可無疑義。各房屋社抵押欵部之簿籍頗予吾人以可貴的資料證明此種理想之非誤，借欵社員中止履行契約者實居極少數，此中蓋亦有深不可測之神秘存焉。

抵押借欵及人壽保險之聯合近已愈見風行。房屋社往往與保險公司爲借欵社員議保壽險，其費用祇須就各期付欵稍爲增加數目。如借欵人有死亡情事發生，借欵之餘額因可得一保障。保險公司應得報酬由房屋社一次付足，此數未在借欵正項之內，但亦準同樣之條件爲借欵之一部份。賠償之責任規定爲借欵人之家屬或其代表人力不能負償還押欵之義務時。須由保險公司如數償還。倘押欵在保險之期間以內償淸時，則亦退還相當之保險金。此種辦法手續甚簡單，而死者之家屬便利殊多。實行時根據借欵人之意思決定之。房屋社亦多樂於贊同。創其制者爲倫敦之某房屋社。最初祇法律及普通保險公司(The Legal and General Assurance Society)獨家擔任此項業務，今已達一百五十家矣。

第七章　對於社會之關係

報載今國務總理鮑文氏(Boldwin)於一九二六年十月五日致房屋社聯合會主席函述房屋社近數年來發達之情形甚詳，可謂政界評量房屋社之實錄。其中有關於咨送議院之統計報告所示房屋社作業之成績者。茲節取之如次。

「此項統計充分的證明房屋社乃羣衆歡迎之儲欵投資機關，與其提倡節儉及自立政策之成功，並指示獲得居室所有權者之日益增加。求得居室所有權之傾向乃戰後造屋進步上極可注意之事，亦爲鞏固國基地之好現象。是乃個人企業及其努力之結果，余且以爲足以促進其衛生思想而甚有利於居室的安全。勞心思集資本以從事於造屋，使居者有其室，固極有價值之事業。其於個人之人格亦復不無多少之關係，凡人對於自有之居室與賃有之居室其感念多異趣也。予希望衆人皆能了然於房屋社事業之原因大致如此。一九二三年張伯倫條例始授權地方長官與房屋社合作，予並希望一切地方長官及縣議會善利用其機會。房屋社之作業及其旨趣足以自介於一切思想界也。

有名經濟學者及注意社會事業者不論派別何屬，其言論莫不承認房屋社對於國家有極大之貢獻。茲復摭拾一二以概其餘。

布拉畢雷（Bradbury）「房屋合作運動近亦蓬勃如春草之怒生，此可爲鼓舞歡欣者也。如予所知，當世缺乏巨量之資本以供建設社會事業之需實爲經濟界難題之一。舍吾人併力儲蓄適應環境以外，勢將呈現竭蹶狀態，應付更難，其需要於生產事業者益非今日可比。房屋社之作業不獨直接的助職業階級求得其所自有之安全的居室，並間接的以儲蓄之方法求生產率之增加物價之降落與人工之雇用。房屋社事業之價值固非文字所能盡也。」

薛錫子爵(Viscount Cecil)「房屋社之作用在提倡節儉及居室所有權。此爲達到經濟自由之重要的過程。房屋社能具有如是偉大之成功，爲當世一切事業所不能及。房屋社者對於好百姓致其同情與協助者也。」

麥多拉(Ramsay Macdonord)「一切合作自助之事業未有能視房屋社具更有價值之助力者。居室足以表現人之地位，務時時竭其力之所能以求之，而不僅以賃之於人爲滿足。人之當有其居室蓋亦如有其衣服也。」「合全國計之，每年當建新屋十萬間，房屋社對於此數之貢獻幾爲一切房產事業所不能及。……房屋社之數量增加矣，其於人類之自由與快樂因自有相當之收獲。」

房屋社提倡節儉可謂不遺餘力。既爲投資人謀優厚之利息而少有意外之糾紛與損失。又復致其全力於協助一般人從賃居之地位而即於自有其居室。其在社會之地位誠未可輕量。

建築社以激勵儲蓄之方法深入於羣衆之心目中。使彼等覺一切投資事業皆不足以動人懷念，於以發生因緣造成習慣，雖在初步計劃成功以後，猶繼續保持固有之精神。因之借欵社員即已償淸債額，仍分期付欵，以事儲蓄，既有房產復多居積，以造成家庭無疆之福。

抑有進者，房屋社之投資人於有意無意之間自成社會中之生利分子，因彼以其餘欵助成居者有其室並以增益國家財賦，即繩以嚴格的倫理學說亦非無當。世嘗有主張限制資本之用途者，其理由極充足，若房屋社之投資人可謂得其利用之道。房屋社不過一居間者，其目的即在協助投資人利用資本策進羣衆之幸福與財賦。

房屋社之價值非統計所能盡，此中蓋又具有發展國民性之作用，英國人生活之基礎在英國人之家庭，斯其國民性所由型成。家庭之生活枯索乃國家退化之現象。故謀增進家庭之幸福即所以增進國家之安甯。

有其家者殊足自豪，彼所費之金錢與勞力之結果祇在使彼與其家庭成密切之關係。無家之工人其居處靡定，行止無方，極易供造亂者及一切階級革命者之犧牲。是故居室所有權乃國民及國家之資產。國民之地位認識愈眞切，個人自立亦彌足爲負責與致用之通途。

居室所有權之利益不獨爲物質的，抑亦爲倫理的與道德的。有恆產者其思想必趨於純潔嚴肅與經濟之途。有儉德者必不走極端，視革命爲畏途。從前創行房屋社之目的在鞏固國家之基礎，故在今日房屋社之爲物恰如巴賴氏(G. N. Barnes)所論，乃抵禦布爾扎維克主義之壁壘。

居者有其室對於國家之利益誠不可以量計。凡足以表現於人格者皆所以示其有發。今國務總理有言，資生之具莫要於居室所有權。此於吾國政界要人之生活史中益得有不少證明。前國務總理工黨領袖嘗回憶少年時代之生活，其最可紀念者莫如懷契而歸之日，實則居室不甚大，才值180金磅，當時雖英國之王不能易彼夫婦之樂。彼且以爲從此可以獨立人間不復受挾制矣。

此間爲限於篇幅，於私產制度與共產制度之異同不復詳論。但房室所有權實爲自立之本，托瑪氏（J. H. Thomas）以爲此不獨有當於英國之人情風俗，蓋亦足以發揚眞確之國民性也。其言最爲鞭闢近裏。

理論與事實蓋截然爲兩事。借欵人在政治上的信用爲何如。姑不具論，考之滌籍所紀，房屋社押欵在 500 金磅以下者占百分之七十五以上，職業階級之緣是有其居室者可七十五萬家。此其於本問題之關係蓋顯然可見。

房屋社最著之功績在協助一切意趣純潔之人勉爲好百姓，使對於國家負責任。統計其所成就當亦不下數十萬人。

房屋社對於社會之工作不僅以個人爲止境遂在國家危急之際有賴於房屋社者頗不爲少，是亦不可不紀。當歐戰時期房屋建築皆爲停頓。因之押欵事業亦形冷落。房屋社胥以其餘欵來應國債。比戰事終了。全國呈現居室恐慌之象。前此所已整備之材料皆已付之一炬。政治亦殊有漂搖不定之象。房屋社於地方情形知之獨詳，則亟起而以其所有從事於庇蔭無居室之安全者。全國一致提倡建築，並力謀貸款手續之簡單與迅速，一俟產價估定契約成立之後立予付款。故當時市政不致迂緩停頓其急公好義以赴國難之精神誠不可及也。

衛生部秘書伍德(Kingsley Wood)嘗宣言，苟非房屋社予國家以絕大之助力，則政府貸與人民之居室建築費將如杯水車薪無濟於事。此言足以排除誤會，使社會知功烈之所依歸。自歐戰終了以迄一九二七年一月，衛生部長先後批准各處地方長官撥款35,000,000金磅根據房產條例及簡單居室條例(Small Dwellings Acquisition Act)貸與人民供營造居室之需。同時房屋社所出者在235,000,000金磅以上，殆七倍於國庫貸出之數。論解決居室恐慌之問題不能不歸功於房屋社也。

衛生部長張伯倫(Neville Chamberloin)深致同情於房屋合作運動又可於其一九二七年六月評論房屋社之成績之演詞見之。其言曰。

凡留心政治與社會問題者，當知房屋合作運動對於型成民衆之生活與思想有極大之影響。蓋房屋合作運動及全國儲蓄運動（National Saving Certificate's Movement）不啻一種安靜和平徹底普徧之革命，不毀一物，不傷一人，而能遂到爲羣衆謀幸福之目的，使從倚賴之生活而即於獨立自由，從漂泊之生活而即於安居樂業。此乃一切過激思想暴動行爲之所不能擬倣。是故參加此種革命者，皆守法律有秩序之好百姓所組成之隊伍也。

數年前之房屋社不過一種地方組合，社會不甚加以注意，其事業亦祇以供應實業界之需要。今其事業已徧及於民衆，且已爲全國有名之組合矣。

第八章　各聯合國及各屬地之運動

艾莫生有言，組合爲人類必不可少之事，盎格維撒克遜民族行之乃更具力耐而英人爲尤著。近二百年來英國殖民之地徧於全球，凡政治社會以及經濟制度當行之於本部而有效者皆絜以次推行及海外之新轄境也。

就各種組合創始於國內而推行及於海外者言，房屋社亦其一例。海外立法制度多仿國內施行，各屬地全部採行一八七四年條例者頗不爲少，其他各處於法律安全問題之外亦或間以特種規定及讓步辦法。在簡單之社會中因管理不善而生之弊病較少，故在英國本部煩苛之法令實非必要。

各地法令與英國歧異之處後當隨時評論及之。

愛爾蘭

自由邦（Freestate）愛爾蘭政府並未另外頒行房屋社條例。在自由邦成立之後，房屋社移歸 Saor stat Eireaun 管轄，一切均仍根據英國現行條例施行。

註冊處屬實業部，房屋社報銷之審核事項歸協助社註冊主任辦理。

因國內擾攘不寧頗影響及於房屋社之發展，主要之房屋社之總辦事處在德林。（Dublin）其押欵事業祇以本城及其附近爲限。據最近統計，自由邦之房屋社爲數不過二十，以愛爾蘭卓民房屋社（Irish Civil Servive Permanent）規模最宏，計社員1.

319 人，資產341.700 金磅，其次爲格茵萊斯房屋社，(Guinness Permanent)計資產 93.800 金磅。又其次爲利工建築社，(Working Men's Benifit)計資產 47.850 金磅。

北愛爾蘭 (North Ireland)北愛爾蘭境內房屋社二十七家於一九二二年一月一日移歸北愛爾蘭協助社註册主任管理。其中一部份組合不甚發達，其原因或由於一八九四年條例限制抽籤法之故。一部定期存立之房屋社現正從事結束，成績尚不惡。現在繼續進行者祇十二家，惟北愛爾蘭之大部份事業多爲少數永久存立之房屋社所擔任，就中有一組合其獨家收入占全體百分之四十。截至一九二五年終爲止，北愛爾蘭社員總數爲 2,154是年貸出之欵近 61,000 金磅，資產總數爲330,624 金磅。

澳大利亞洲

新南威爾斯(New South wales)新南威爾斯之房屋社今歸合作社註册主任管理，並以其狀況報告於立法院。其資產之總額將近3,750,000金磅，足以協助購買房屋三萬至四萬間，約占全國所有居室之十分之一，或自有居室之五分之一。澳大利亞洲最早之房屋社始創於何時已不可知，但信在一八四六年以前斐列勃埠（Port Phillip）至少已有房屋社一家存在。其可考者當以澳洲普利房屋社（Austrolia Beuifit Investment and Bldg. Assn.）爲最早。此係一八四八年在西得萊（Sydney）註册，恰在該處房屋社條例頒行後之一年，其篇首有云，「規定新南威爾斯房屋之組合咸覺勢不容緩」。據此則一八四七年以前似已有少數房屋社成立也。澳洲普利房屋社係屬定期存在性質，經濟狀況頗占勝勢。一八五〇年第二房屋社成立，一八五四年第三房屋社成立，名稱皆同。

其次爲京畿投資房屋社（Metropolitan and Counties Permanent Investment Bldg. Soc.）於一八五（）年註册，時英倫永久存立之房屋社創行祇及數載而已。迄今全境永久存立之房屋社祇七家，而司托波克派之房屋社竟達一百六十九家以上，定期存立之房屋社不甚著，但其作業殊亦有價值。厥數計有八家，麻基（Mudgee）占其四，除在附近各市鎮。凡定期存立之房屋社依據一九二三年合作公益及信托條例註册。永久存立之房屋社除上述條例之一部份適用外，應受一九〇一年房屋合作的條例之限制。在新南威爾斯定期存立之房屋社視永久存立者較為受人民之歡迎。但七家永久房屋社之資產計有1,750,000金磅，統計上年（一九二四—二五）貸出款項約當全體房屋社貸出款項之三分之一。全境司托波克派之房屋社是否供過於求，社會有無創立新式的房屋社之要求，將入社辦法及存立期間稍加改釘俾借款人在需款時有即時貸款之可能，是誠大可研究之問題也。註册主任臚列新南威爾斯司托波克派之房屋社之缺點如下。

（一）在存立期間之前半期貸款機會之發生甚為遲緩。

（二）設得標社員私行讓渡或出售其貸款之權利時。則社中即失去應得之利益。

（三）缺乏合作之精神。

（四）在社員集合之十五年後停止付款，則貸款機會之發生又復逐漸遲緩。

（五）付還押欵之期間過嫌短促。

一八四七年當地房屋社沿習一八三六年英國條例之缺點與弊竇極多，因此常有管理不當繳欵愆期或契約失效情事發生。當一八九〇年以後之數年間，混亂情形可謂達於極點，相繼失敗停止付欵者不下二十家也。

時有所謂貸欵房屋公司者，專以奸猾取巧之手段經營地產事業。社會不察，往往誤認房屋社之所爲，致信用無端蒙受損害，影響頗不爲小。

註册主任於其週年報告中屢議重訂法制改良管理，直至一九二三年始見施行，凡以前法令所未詳皆已增補用策安全。現在境內所有房屋社之管理方法幾全與英國現行條例一致。類如社中逐年賬項須經會計師審查。註册主任遇必要時有視察社務之權，其時會由彼個人之意思決定之，亦或因應過半數之社員或三分之一之社員或存戶個人之要求行之。彼並須受理社員對於社務之抗議。全體職員必忠實承受保管公庫之責任。房屋社享有全部法律上賦予之權利，舊時由保管人負全責之制廢不復行。

此次條例之修正足以予新南威爾斯房屋社作業上及信用上不少之進步，正亦如英國自頒行一八九四年條例後社會對於房屋社之信任益加鞏固也。

昆斯蘭（Queensland）昆斯蘭之房屋社分營業的及家庭的兩種，各援據其條例而組織，統歸協助社註冊主任管理，並經由司法部報告於巴力門。在一八八六年以前，境內房屋社事業不甚發達，當時所有房屋社均依照協助社條例註冊今僅存在者僅陀文巴房屋社（Toowoomba Permanent）一家，規模最宏，資產計400,000金磅。

依據一八八六年房屋社條例註冊者計十五家。就中以永久存立者較為發達，以陀文巴鎮之大陵敦房屋社（Darling Down Permanent）成立最早，其資產約在340,000金磅以上。

境內定期存立之房屋社不甚風行，司托波克派之房屋社更居少數。

南澳大利亞　境內房屋社事業較有遜色，計有房屋社二十二家，分永久存立及定期存立兩種。

綜計股東及存欵人將近一萬六千八，資產據一九二四——二五年報告爲576,000金磅，就中貸出金額爲530,000金磅。

在歐戰期間南澳大利亞房屋社之數目逐年減少，停戰以後始漸復原狀。一九一五年之總數爲二十六，一九一九年爲十九，一九二四——二五年爲二十二。

維多利亞(Victoria)境內房屋社始皆根據一八七四年當地頒行之房屋社條例成立，厥數不下158家。及一八九二年房屋社之成績已甚可觀，但以多數組合皆屬定期存立性質，現在繼續存在者才二十七家，就中有五家爲司托波克派之組合。當戰爭期間進步甚遲緩，但整飭而合軌律。據上年統計，其資產在3,750,000金磅以上。在前數年間每年貸出之欵約計一百萬金磅。

維多利亞之新房屋社條例於一九一五年九月通過，一八九〇年條例因是撤消，現行管理方法與英國幾完全相同。

西澳大利亞　境內房屋社皆根據一九二〇年條例及一九二一年修正條例存立。其管理方法頗與英國相似，逐年報銷均上之協助社註冊主任轉送上下兩議院。

近年房屋社合作運動頗見進步，共有建築社十五家，其十家屬司托波克派資產計155,000金磅，餘五家皆永久房屋社，資產計400,000金磅。據一九二六年報告，社員總額爲12,040人。

最早之房屋社爲婆斯房屋及貸款社，(Perth Benifit Bldg. and Loan Soc.) 成立於一八六二年。

一九二一年修正條例中最重要之條文爲凡公司或社會與一九二〇條例註冊之資格相合或意在經營房屋社事業而未經根據一九二〇年或其以前之條例註冊者，不得從事組織或繼續作業。

會計師之資格規定甚詳。就此點及前節所述而論，則西澳大利亞之立法視祖國愈進步矣。

坎拿大

坎拿大之貸欵及押欵組合頗似英坎聯合以前之房屋合作社。最早之組合於一八四五成年立於蒙塔拉，(Montreal)政府特頒條例授以獨家經營下坎拿大(Lower Canada)房屋合作事業之權。一八四六年頒行上坎拿大(Upper Canada)房屋社條例管理境內房屋社。

此項房屋社殆全係仿照英國制度施行。早年所組織率爲定期存立性質，以農工房屋社爲最著。據紀錄所詳。該社曾有職員某從司克雷屈萊之主張，以爲永久存立之組合較優於定期存立者，一時都朗度(Torondo)商界之優秀分子多然其說。於是依照一八四九年條例宣告改爲法定組合，易其名稱爲坎拿大房屋儲蓄社一八七四年復改爲坎拿大貸欵及儲蓄公司，議院並授以發行債票之權。嗣後兼併組合吸收股本，範圍愈加擴充，即今之坎拿大之押欵公司也。全國組合此爲巨擘。據一九二六年統計，資產總額爲50,613,510,16元。(坎幣之值與美金略相等。)

其他組合多在一八六〇年以後之數年間成立。據一八六三年報告共有七家，其在上坎拿大者祇有兩家，計資本1,208,072元，存款365,825元，資產1,846,956元。

據一八六七年英坎聯合以後所報告：永久房屋社增至十六家，計瑰壁（Quebic）一，蒙塔拉二，金斯頓（Kingston）二，都朗度八，木屋（Woodhouse）一，倫敦一，阿塔哇（Ottwa）一。總計資本2,891,000元，存款959,050元，資產4,388,743元，其從事於不動產押欵者約在3,500,000元以上。

截至是時為止，押欵之來源大半由社員供給，其餘係以存欵。但厥數甚微，不足應付需要。立法的方面為吸收資本計，因授以發行債票之權。當其事者蒞之英國，以其債票行銷市面。結果殊圓滿，英國人民爭相購買，尤以蘇格蘭稱拔。此項英國資本之輸入坎拿大甚足以助其社務之發展，不啻為境內押欵事業闢一新紀元也。

房屋社及經營貸欵及投資之組合均從此逐漸增加。據坮托雷（Ontario）政府一八八七年之統計，此項公司不下五十五家，其兼營別種事業未經報告於都朗度註冊處者不計在內。統計資本近36,000,000元，存款17,500,000元，債票32,220,692元。按此項債票募自境內者才 5,500,000 元，餘皆募自英國，距始着手時祗十二年，亦可驚之紀錄也。又五十五家公司共有資產87,000,000元。

因成立較早之公司作業皆甚發達，故繼起者益衆。暨一八九五年，昂托雷共有公司九十家，其一部份屬定期存立性質。間有小規模之組合實力不甚充足，因當時產價低落，頗呈拮蹶不可支持之象。結果或事歸併，或遂結束，其數又復逐漸減少，以至於今，據一九二四年報告，總計公司五十二家，其在昂托雷者凡四十四家。

貸款及信托公司常多兼併，此其與英國房屋社不同之點也。是否由於立法或事實的便利，抑或以其以獲利較厚，殊費研究。茲復根據事實尋繹原由，庶幾可以得其途徑。

小規模之組合大致根據定期存立之原則施行作業，坎政府一九〇〇年立法會議之規定如下。

（一）凡公司股份在歸併之後一律定為永久性質，不得自由收回。

(二)凡公司在一九〇〇年三月十七日以前未經發行定期股份者，不得繼續發行此項股份。

(三)凡公司曾發行定期股份而一九〇〇年七月一日未經註冊者，不得補行註冊。

此項立法足以掃除以前弱點實爲必然之事。據一九二四年終所統計，各公司股本增至120,000,000元，押款資產188,000,000元，全部資產270,000,000元，

據坎境財政專家所稱，於一切組合之中其能歷時久而成效著者殆莫坎拿大之貸款公司若。類如英國始嘗有以管理上缺乏經驗或冒險過甚而致失敗者，幸其數今已漸次減少，不復成爲問題。坎境貸款事業在今日深得一切以築屋款項投資者之信託，其提倡居室所有權之成績足以使社會上各階級皆蒙其利而有裨於國內各項建設事業之發展與財賦之增加。

印度

房屋社之事業在印度不甚著進步。努力於房屋建築者首推合作社，而由政府予以經濟上的協助最近合作運動之目的在建設花園城式的模範市。旁遮普（Punjab）合作社一九二五年度報告所載，科拉坡（Kot Lakhpot）之模範市正在興築，社員七百九十八人，計購地七百三十八方。現有居室五間商店四間職員辦事處及一大規模之俱樂部均在建築中，對於政府之債務減退甚速。如進行順利，預料不數年間旁遮普布之合作模範市將大有可觀，而其他房屋合作事業皆無足稱矣。但該報告又言，有小規模之房屋社成立於山格拉，（Sangla）集合資本10,000羅比（合750金磅），已在準備註冊手續。但建屋地址迄未購定，其原因蓋由於職員屢有更換之故。

同時瑪搭（Madras）合作事業之報告則言勃里西登賽（Presidency）共有房屋社七十八家，就中有三十五家於是年向政府借得款項，分年償還，定期二十年償清。已成居室三十七間，尚有二百七十二間在建築中。該報告又言，坡發展之組合首推瑪坡政府職員合作房屋社，據云現在正謀取得減低政府債息之特權也。

孟買(Bombay)於一九二六年因貿易衰減房租低落之故，合作建築之事業反見退步。其地產與房產之價值併合計算足以影響及於折押之價格，現在向政府押借款項之折扣為百分之二十，此數是否需要增加尚是未決之問題。勃里西登境內計有房屋社四十四家。據最近報告所載遵寄呈報財政狀況者祇二十二家。每年建築房室若干亦無統計可憑，前註冊主任之報告中述其原因由於一部份房屋社絕未報告成績。可知管理上有實行懲戒辦法是需要也。

印度之造屋事業關係於印人者甚於居處不怡之英人。此在合作事業之外足以自成為重要問題之一而有待於解決。尚精神化之印人循其安常守故之習，不以惡劣之居室為嫌，蓋亦如對於其他不良之事物然，甚足妨礙生活方法之改善。幸新思想傳佈甚速，調和於其間，足以使國界上與種族上之成見漸次泯除，不復阻前途之進展。故提倡應付社會之需要亦今日經濟界的福音也。

新錫蘭

新錫蘭(Newzealand)關於房屋社之法令的規定爲一九〇八年房屋社條例，其與一八八〇年以來施行之法令大體無甚異致。管理各行政區域公司註冊事務之副主任擔任房屋社註冊事項。一切組合凡在準備註冊之前，須遵照條例及細則規定表式塡寫明白。

境內房屋社分定期存立及永久存立兩種。其各年度報銷併須送交統計處稽核。現有房屋社八十六家，永久存立者四十一家，定期存立者四十五家，計分一百五十五組。

在其他聯合國多傾向於房屋社事業之擴展而少注意於其數目之增加，新錫蘭亦復大致相同。據上年(一九二四——二五)所統計，貸與11,766借欵人之總額爲4,500,80金磅。就中將近三分之二屬永久房屋社，餘三分之一而强屬定期存立及司托波克派之房屋社。股東總爲44,000人以上。一切作業多與前此所述各處情形相似。

其特異之點在財政條例四十六條之規定，新錫蘭總督有批准房屋社兼營信托事業之權。截至一九二四——二五年度之終，共有房屋社九家經已批准照行。其中六家具有信托資本63,535金磅。

但上述辦法施行之後不久即行中止。一九二四年新錫蘭總督決計取消此項職權，其原因並非由於試驗之失敗或對於房屋社不欲加以信任，蓋緣調查各房屋社作業狀況酌批批准或加拒駁，其任務甚煩難而易招怨尤。其獲批准者則信用立加鞏固，反之或被拒駁，將不免於社會之懷疑與批評也。

因是之故，新錫蘭財政當局乃根據原文所規定本屬暫時性質，請求取消，以省周折。議院通過照准，遂告結束。新錫蘭之房屋合作運動頗已具有鞏固之基礎。據統計所詳，其成績殆為其他聯合國所不能及。

南非洲

房屋社事業對於新國家之價值又可於南非洲聯邦之事例證之。彼間房屋合作運動蓋與其城市之展闢同時並進，而房屋社之作業與振興市面尤具有深切之關係。如開物鎮(Cape Town)德濱(Durban)勃雷多利亞(Pretoria)約翰奈堡(Johannesburg)布羅豐坦(Bloemfontein)及金伯萊(Kimberley)等處皆其例也。自一八八○年始漸有小規模定期存立之房屋社成立。一八八二年最早之永久房屋社在境內成立，即奈特(Natal)房屋社。一九○九年根據巴力門之議決案改組。此爲南非洲聯邦境內唯一之房屋社根據特別法令而組織者。此外別無通行之房屋社條例，誠爲缺憾，頗望不久有以彌補之也。

前此未曾有房屋社條例及註冊處，故南非洲房屋社事業之統計不可得詳。惟近年統計處處長始通知各房屋社造報各項統計，以憑考查。茲摘取一九二四——二五年度所報告如次。

地名	永久的組合	定期的組合	不規定的組合
開勃省(Cape Province)	一四	一九	一
奈特(Notal)	八	○	

杜斯瓦(Transvaal)	三	三
奧倫治自由邦(Orange Free State)	二	一

以上總計房屋社六十家

資產統計 9,239,655金磅

貸出總額	7,718,409金磅
本年度貸出總額	3,224,633金磅
一期付足之股款利息在內	4,896,186金磅
本年度分期交付之股款	1,199,810金磅
定期及不定期存款年終該計利息在內	3,347,301金磅
現有股份	
分期付款	146,84[illegible]
一期付款	28,936

右列統計祇以示南非洲聯邦房屋合作運動之大概情形，因各方報告完全出於自動，故其結果未必如房屋社註冊主任之所從事。在此項統計搜集以後，各房屋社仍繼續進展，故在今日其全部資產當已達11,000,000金磅。茲此數值當并念及南非洲聯邦稀少之歐籍人口與其廣闊之面積。據一九二六年五月人口統計，境內之歐洲人共為1,672,106人，各城市人口最多者為約翰奈堡，數為170,543人。南非洲聯邦之面積為472,347平方英里，平均每四人占一方英里。英國本部之面積為88,603平方英里，人口統計42,000,000人，合474人占一方英里。就人口與面積之比例而論，則南非洲聯邦境內房屋合作運動之成績亦殊可驚之至。最大之組合為奈特房屋社，據一九二六年六月三十所統計，其資產共為3,622,177金磅，此外尚有數家大規模之組合。約翰奈堡六家房屋社一九二六年賬略示以下之結果。

資產統計	6,187,085金磅
押欵總額	4,874,534金磅

分期付足之股款 1,923,418金磅
一期付足之股款 531,101金磅
存款 3,058,697金磅
準備金 336,358金磅

在一九一七年上述六家房屋社之資產總計不過4,000,000金磅，是其十年內之進步殊極可觀，預料未來之進步將視前更速。

南非洲聯邦房屋社事業之所以有此成功在經理得人與其「安全爲先」之政策，因能深得社會之信任與同情，今後進行之事項當仍以促成頒行房屋社條例爲要著。其立法上的需要蓋久已爲一般人所承認，一九〇九年嘗仿照英國制度擬定管理介斯費之房屋社條例。適一九一〇年有四省加入聯邦之事發生，此案因遂擱置，以至於今迄未提及。其見之於立法之規定者，祇房屋社不受一九二七年一月一日施行之公司條例之制限一項而已。其二百零七條之原文如下。

本條例不適用於房屋社。……「房屋社」在管理房屋社條例頒行以前當釋為人民之結社。其唯一之目的在使其社員以分期付款之方法籌集款項，即以貸與社員或他人，其擔保為不動產之抵押或租借權之讓與或社員之股份，在此項條例頒行以後依條文所規定為標準。

據此可知南非洲聯合國固甚注意於房屋社條例之頒行，而在此項條例頒行以後，足以激勵境內房屋社事業之進展可以斷言。此項立法殆將仿行英國制度，以其效已大著，故能造成英國房屋合作運動之基礎並以助長投資者對於房屋社之信任心。南非洲之鑛產蘊藏極富，各項經濟組合易於發展，其需要於房屋社者亦益多，固宜使其常在政府管理監督之下也。

各屬地

各屬地之房屋社條例大致採行英國制度之適於當地情形者。作者對於海外情形不甚熟悉，於其法制是否盡當不能有所論列。但自英人之眼光觀之，則其立法之意未周而多因襲英國早年之缺點，似亦無可爲諱。各處合作運動之計畫及其成果皆以缺乏統計不甚可考。

英國格那(British Guiana)境內之房屋社最初依據一八八三年協濟社條例組織之。自一八九一年至一九一六年歸一八九一年十五號法令管理。一八九一年法令大致以居室爲本位。根據此項規定，房屋社得以社員分期交付股欵之方法籌集股欵應付下述之用途。

(一)貸與社員購買建築或改造不動產業，即以該項產業爲擔保品。

(二)供社員建築或購買永久執業之住宅。

股欵係分期交付，期以五年或七年付足。此外并發行公債，以二十五元爲單位，定期七年按照票面償還。此項公債取有以社產爲擔保之優先權，年利六厘。貸欵數量以借欵人預期繳足之股欵爲限度，此其與英國所規定不同之點。貸欵之利息爲百分之六，此數不在按月付欵之內。每股每月付欵以一百元爲限度，此項股份每期付七十一元，七年付足，合計利息二十九元，共爲一百元。如定期五年付足，則每期付七十八元，利息合二十二元。社員亦得議借短期債欵。

尙有一事與英國規定之辦法不同者，則社中亦得收買抵押之產業但須在二年以內變賣，如社員公決展緩期間不在此限。

一九一六年二十四號法令係一簡單之修正條例，其著者如社中得接受社員或他人之存欵，但未規定以達到執押資產之百分之幾爲限度。處分餘欵之辦法亦比較的自由，此欵可以根據某種條件及某種擔保品借與某人，期其爲有利的處分而已。

錫蘭 (Ceylon) 錫蘭島一八九一年頒行之條例包括定期存立及永久存立兩種組合。自該項條例通過以後，所有房屋社一律均須爲法定結合。永久房屋社接受存欵或借欵以達到執押資產之三分之二或在十二個月以內應行收集之股欵爲限度。關於餘欵之處分規定須有充分之擔保品。此項條例在各屬地中最與英國採行辦法相近。

嘉梅卡(Jamaica) 嘉梅卡島關於房屋社事業之法令繁綜殆頗與英國相似，綜計先後頒行條例凡六。

一八九七年條例爲其立法之基礎，大致採行英國一八九四年條例，少有改易。接受存欵以達到執押資產之百分之七十五爲限度。

一八九八年修正條例，一九〇五年二次修正條例，規定簿記格式並採用英國一八九四年條例規定之三述制。

一九〇九年授權與房屋社，得以股欵爲擔保貸欵與社員，但數額不得超過其已繳股欵之三分之二。

如社員欠付利息或別種欵項至與其已繳之股欵相等時，即撤消其股份及社員資格。

聖羅霽亞(Saint Lucia) 聖羅霽亞未嘗特別制定房屋社條例。其與此項事業有關者爲協助社條例中有一節言及房屋社之目的在使其社員以分期收欵之方法籌集欵項即以貸與社員[illegible]其擔保爲不動產業。

據向當地督署所調查，竟未能發現此項立法產生若何效果。

羅列打（Trinidad）及陀巴科（Tobago）一八六一年十二月三十一日一百十一號法令並將關於房屋社之立法包括在內，大體仿照英國一八七四年條例施行，并增訂登記格式。

第九章 美國之運動

房屋合作事業在美國之成效甚著，但其名稱殊極繁夥。各省之法律不一致，或規定某種字樣必須嵌入名稱之內。或恰與相反，規定某種字樣不得嵌入名稱之內。例如某省嘗規定合作銀行當爲其名稱之一部份。但另一省則限制適用此種字樣。以是異名間出不啻一律，如「房屋協會」「儲蓄及貸款協會」「合作銀行」「居室協會」「互助會」以及此類字樣聯合組成之種種名稱皆同指一物，有時或並冠以「均益」「民衆」「國民」

等字樣。茲為便利參考起見。本篇統以房屋協會名之，此與英國之房屋社蓋同一性質也。

現在以提倡節儉及居室所有權為目的之組合已達12,800以上。據可信之記載，美國最早之組合為渥克斯福房屋協會（Oxford Provident Bldg Assn.） 該會係一八三一年一月成立於本薛利亞省費拉藏罘縣渥克斯福鎮之佛蘭克福（Frank Ford），即今之費城。

據巴幹格倫(Bergengren) 最近所著合作銀行學謂美國最早之房屋協會策源於德國之某信托社。此說不甚可據，因前此已證明房屋社之創係由製造家某某兩人輸入美國。之兩人者各於英倫之組合具有研究，則以其所得謀諸其友，因仿英國公會之制有所結合，但並不立章程。

一八三一年一月三日之協會記錄頗具有歷史的興味。茲節次於左。

佛蘭克福村及其附近之居民本日製照通告集會於本村獲德波桑（Thomas Sid

ebotham)住宅籌議組織協會謀便會員建築或購買居室，推霍維克(Jssac Whitelock) 爲主席，愷斯濤(Jesse Y. Castor) 爲秘書。

本會定名爲溧克斯福房屋協會。

本會設管理員十三人分任一切事務，不支薪津。

本會每人每股繳洋五元，以後每月繳洋三元。

本會所有會員各已按照股欵達到建築或購買居室之目的以後爲會務終了之時期，屆時如有盈餘由會員按照股份攤派。

會員貸欵建築或購買居室不得在距離佛蘭克福村之五英里以外。

該會於一八四一年六月召集結束會議。

其次爲一八三六年在紐約布羅克林(Blooklyn) 成立之布羅克林房屋互助協會。據一八五六年紐約洲立法院委任調查當地房屋貸欵協會管理方法及作業狀況之委員會所報告，該會採行之辦法蓋亦仿自英國。其言曰：

「其宗旨及管理方法似皆採用英國通行之辦法。但早年英國房屋社發現之流弊在美國竟多倖免，是以成效更著，聲譽益有聞於紐約全省。」

復次美國工部漢格氏(G.W.W. Hanger)於一九〇四年十一月美國房屋及貸款協會報告中述其起源有云。

「此項運動具有如是目的，其影響於工界之社會與經濟狀況者又如是顯著。其起源實始於一八三一年，當時佛蘭克福各工廠中英國工人本其在祖國所聞見，羣努力於房屋社的組合。」

是故美國之房屋協會始皆仿行英國制度，其組織法及管理法又皆英國輸入美境，可以根據此種紀載及其他得一詳確之證明，此吾人所當承認者也。

美國房屋協會始嘗根據各省公司條例組織，如是者凡若干年。旣而其數激增，在社會之地位亦漸次重要，各省乃特頒法令確立制度及管理法。從前亦有一部份房屋社之組織不合法，致會員頗受損失，乃至一般組合之事業與名譽皆不免為之減色。是故確定法律上的限制與規則保護會員之利益及一般合法之組織，幷以提倡未來之組合使在軌道上向前進展。

自一八三一年至一八五〇年之間，在費城組織之房屋協會約計五十家以上，率皆人民自相結合而未嘗有法律之制限。一八五〇年本薛尼亞議事會始頒行條例規定法律上的制限，各會以發行五百股爲限度。一八五九年修正條例規定此數增至二千五百股，每股二百元。一八七四年修正條例取消股數之限制，但規定會中資本不得超過1,000,000元。

紐吉賽(New Jersey)最早之房屋協會成立於一八四七年，是年該省頒行管理條例，一八四九年頒行修正條例。

紐約於一八五一年頒行房屋及貸款條例。

支加哥房屋協會始在西部成立時爲一八四九年，其次在吉賽維勃(Jerseyville)成立於一八五二年，又其次在支加哥成立於一八五七年。然意利諾省之房屋條例直至一八六九年始行通過。

瑪麗蘭（Maryland）於一八四三年通過房屋及貸欵協會之管理條例，但至一八四六年始有此項組合。

自一八五〇至一八六〇年之間，美國房屋協會始漸推行。據商不敎授（Prof.F.B. Sanborn）一八八八年上美國社會科學協會報告所云，自一八六〇年至一八六九年之十年間，在費城組織之房屋協會凡一百四十八家，一八〇七年至一八七五年三百十七家，預計一八六七年該處至少當有房屋協會四百五十家執行業務。

在一八九三年以前美國房屋合作事業無精確之統計可憑，至是工務局長始調查全國作業狀況，其結果載工務局第九年度報告中。一八九五年以後全國地方房屋及貸欵協會聯合會秘書薛拉芮（H.F. Cellarius）始搜集資料統計各省組合會員及資產各欵目，今猶繼續施行勿替，因此各房屋協會之作業狀況皆可稽考而得。

自一八八〇年至一八九七年間進步最速，資產總額竟超過600,000,000元，但自一八九七年至一九〇四年無甚進步。自是以後當繼續進展，少有停頓。其間一九〇四年至一九一三年資產總額增至1,250,000,000元，又自一九二〇年至一九二六年此數由2,500,000,000元至6,250,000,000元以上。

美國房屋協會組織之目的與英國之房屋社完全相同，其作業又復相近，但其方式與計畫不甚一致。各省自有其法典規定其法律上的義務與權利，訂明組合之目的及權限，並管理監督其業務之進行。美國房屋協會並無獨創之方式，其目的唯在提倡節儉與儲蓄及協助會員建築或購買居室，而所以達此目的之方法乃不盡相同，甚至同在一省之內亦多異致。

如前所述，知定期存立之組合始亦嘗在美國境內通行，今已不復存在。其發行股份止於一批。如會員在成立以後始行加入須補繳以前應繳各費，俾與其他會員一致。會務以付款及其利息適當票面之數並爲終了時期。貸款惟限於本會會員。倘在會員中無人需要借款時，勢須有人承受之，俾會款得適當之處分。其人通常以抽籤法定之。

定期存立之組合在事實上少便利甚爲顯然。以在成立之後會員加入時須補繳以前付欵，此在個人或多認爲難行，故常畏縮不前。又承乏借欵之事似近强人之所不欲，亦足阻礙業務。

爲救濟上述之缺點，於是有分期招股之組合，(Serial Type Of Assn.)國內各處今頗風行，尤以東南各省爲著。

分期招股之辦法定爲每年或每半年或每季行之。會員按認購股數及規定期間付欵，直至付欵及其利息當票面之數量時爲止。每屆股份繳足以後，凡會員之未經借欵者均按照票面數量收回股欵。如已借欵而債額與股欵相當，則聲請結束債務並取消抵押契據。各屆會員於加入之始分期付欵，以至完成手續之日爲止。或加入較遲須補繳本屆前此應付欵項。招股有一定期間，會務則永久繼續進行，不復爲定期存立之組合。新來之會員補繳欵項數非甚巨，謀貸欵者亦得臨時加入爲會員無需預繳巨金，因之志在儲金之會員亦可免於被迫借欵。

在中部及中西部各省通行者爲永久存立之組合，會員可隨時加入，按星期或按月付欵，亦可不定期間隨時付欵。並無所謂罰金，各會員賬項併皆分別辦理不相牽涉。股息係根據存欵數並每年或每半年結算一次。如會員引退時有收回全部付欵及其利息之權。分配利益當時保留一部準備金，用便補償意外損失。惟在分期招股之組合，各個股份紅利概行保留，直至本屆結束之時始予分配。如會員引退但能根據章程取得一部份之利益，其餘扣存會中備償損失。付足股欵之會員在結束時得分攤此項利益。永久房屋社兼發行一期付足之股份，此有二種，(甲)不扣利息之股份 (Paid up Stock)(乙)預扣利息之股份。(Prepaid Stock) 不扣利息之股份於發行股票時按照票面如數付欵，通常每股一百元，其利息由會中按半年或按季付與會員，利率大致與分期付欵之股份(Instalment Stock) 相等，亦有一部的組合付與較低之利率。預扣利息之股份付欵視票面爲低，此數應得之利息亦復以時併入付欵項下，至一定之期間合計本利，結果適當票面之數，於是亦成不扣利息之股份，此可及時收回亦或繼續存放會中。

渥海渥及其他數省之房屋協會亦得接收存款，按雙方認可之定率付息。此項存款人並非會員，對於股份不負損益之責，其利率大致較分期付款之股份低百分之一，此與英國通行之辦法正復相同。

在加利福尼亞及西部與西南部其他各省並通行所謂保證股份 (Guarantee Stock) 此為基本股份，在發行股票時一次付足，並由雙方協議認為永久的保證股本。其作用在保證一切股東及存款人不受任何損失，并保證與儲金或貸款會員間所成立的契約之履行。如因意外擔任賠償，仍須補充原額勿使減損。此項組合並發行定期付款之股份及一次付足之股份或一期及分期投資證券。

譯者按此節於所謂保證股份之利益不一言及，致對義務與權利之間不能相當，姑且闕疑以俟考證。

房屋及貸款協會之資本專事經營不動產之押款，亦或以本會股份担保借款之償還。以不動產為擔保之債款止於貸與會員，其數以為董事會估價委員會估定價值之三分之二。以分期交付股份為償還借款之方法，此外借款人並須按照借額付百分之六至百分之八之利息，大致以當地通行之利率為標準。有時亦或要求高拾利率，惟近來漸已廢止。借款人認購股數務使股款余額足與借款相抵，各期付款合計利息至與股款相等時即為清償債務。根據此種辦法，借款人應按星期或按月交付到期股款及全部借額之利息，直至完成股份之日為止。亦有一種減息辦法，各期付款於每年或每半年結算一次，即以抵銷借務之一部份。以後即按照餘額之多寡計算利息，而借款人以股東之資格應得之利息亦以付款未經抵銷借務以前為限。又有一種償還借款之方法，即根據契約合計本利各款。分期付還，數量惟均。完成各期付款即為清償債務。例如借額為1.000.00元。借款人如每月付12.50元，須120個月方能付清本利各款結束債務。至於各期付款之多寡與清償期間之久暫互相消長不拘一定，可因雙方之協議確定之。

此項組合由股東選舉之管理委員會或董事會主持，一切辦法正與英國相同，各部職員由董事選任之。偏僻地方之房屋協會多於每月或每星期開會一次，會員即於是時交付到期欵項。但在通都巨邑率皆逐日按照規定時間執行業務。

美國康格常深知此種組合提倡節儉及居室所有權之利益，故對于家庭的房屋協會豁免其所入稅之義務，會員投資于此項組合之收入在三百元以下者亦免繳所入稅。有若干省對于房屋協會所持有之抵押品豁免其地方稅之義務，一如其會員執業時情形。在其他各省房屋協會幷不納稅，惟會員須照章呈報納稅，與別項資財等。總之辦法不盡一致，而重視房屋協會之心理蓋無不同，以其對于社會所貢獻者大也。

房屋協會在美國已成爲極重要之經濟組合。頻年更有猛進突飛之勢，其于全國之造屋及儲蓄事業所成就爲其他任何組合所不能及，約計現在當有2,500,000家仍在繼續付還建築或購買居宅之借欵，祇就一九二六年計，貸欵造屋之會員的在530,000家以上。

美國人民從事于房屋合作運動之精神極佳，尤致力于避免中止履行契約之流弊。觀于本書附錄五所列，可以證明房屋協會深得全國金融界之信任也。

第十章　歐洲各國之運動

據調查所得，在英國美國及各聯合國風行之房屋社在歐陸之形勢不甚顯著。房屋社之目的在提倡節儉及居室所有權，其精神在謀自助甚于待助于國家，其事業于英國同文之民族獨稱繁榮。歐陸對于房屋社合作事業之態度大致可以意大利之情形代表之。

「勞動階級之居室為其房屋團體如自治會合作社或其他類似組合之永久產業，此項居室專為出租而建築，無論如何不得出售。」

其唯一之例外為意大利國家合作房屋社得以其建築之房屋售與社員。意大利政府並制定法令，准該社享有股本之利息並折減其建築材料之鐵路運費之百分之五十。

又歐陸關於房屋之立法向多適用租借之詞，足以使一般人對於居室所有權之宜屬於國家地方或公共團體之觀念愈加深切，少欲致力於居者有其室之實現。惟英國政府既將曩日商業組合視為專利之造屋事業取而歸之居住者之自身，則此項新事業勢且不得不漸次推行及于歐陸。本篇所述各種辦法大致可以認為歐陸各國立法之新趨勢。其一保護賃居者之利益，其次制定法令謀予勞力造屋之團體以財政上及行政上的協助，因大戰以後各國顯有居室恐慌之現象也。

比利時

比利時從事于戰後之造屋問題時頗得益于以前之立法。一八八九年條例規定政府儲金及賑欵部(General Savings and Pensions Fund) 得以其所入建築廉值居室，比戰爭開始，已造成房屋62,122間供應勞動階級之需求。一九二〇年比政府組國家廉值房屋及居室協會，(Societe Nationale des Habitations et logements A bon Marche)以為調劑社會之計。此項組合專事提倡地方造屋社之組織，或貸以欵項協助進行，或購置房基地轉售與造屋社以為建築廉值居室之用，或分畫區域經造屋社售與私人。其股本由國家及各省共同擔任。用途止于建築廉值房屋或以協助無產階級。國家以百分之二之利率貸欵與該會，該會又以相等之利率貸與各地方之造屋社。此與意大利之情形略相同，對于勞動階級分別等差予以購買房屋之援助。故在意大利有勞動階級之居室及廉值居室，在比利時有廉值房屋及無產階級之房屋。

法國

法國關于造屋問題之情形與英國大不相同。除北部及東部各地方以外，所有城市多行弗拉特制。（按每一Falt包括居室臥室廚室浴室各一，適合簡單家庭之需，）大規模之建築常包括十至三十弗拉特，建築費可三四萬法郎，故爲英國式的房屋社之範圍所不能及。且法國人不甚喜排列式的房屋，(Terraee houses)在其經濟能力足以置產時，多別營住宅以自顯其地位。此當爲永久執業之房產。費用自亦較昂。故在歐戰以後，其立法大致不出兩途，(一)津貼(二)貸欵與廉值造屋社。

關于第一項辦法，政府得根據一九二二年條例以津貼予諸地方長官公用機關公益團體及廉值造屋社，藉以協助營造廉值房屋，貸與育有子女三人以上其年齡又皆少于十六歲之家屬居住。津貼數目不得逸出限度，惟此項限度則因情形而異。

貸款分兩種。

(甲)政府儲金部(Fund des caisses d'epargne)得行貸款與公用機關及廉值造屋社，其利率爲百分之二或百分之二・五，視所造房屋爲出賣或出租而異。

此項借款由國家存款及放款部(Caisse des dipots et consignations)代表政府出借，其行政事項由特別委員會主持之。創始時基本金爲100,000,000法郎，一九二三年漸增至500,000,000法郎。

(乙)國家賑款部(Caisse nationale des re'raites pour la vieillesse)根據一九〇八年，留布條例(Ribot act)代表政府貸與房屋協會之款項。

政府貸與房屋協會之利率爲百分之二，再由該會貸與私人之利率爲百分之三・五以其盈餘建築簡單房屋或購買不動產。

此項債款亦復因工人及衛生部特別委員會之提議，由國家存款及放款部出借。最初通過基本金100,000,000法郎，至一九二三年終漸增至350,000,000法郎。

(丙)尚有第三種借款由存款部貸與房屋協會或公共機關營造廉價居室。

此外並組織公共機關擔任各縣公共衞生及勞動階級居室各事項。其工作不僅以直接的建築爲限，兼從事于市政方面的房屋計劃。

此種事業頗有其獨到處爲當世所稱頌。凡因勞瘁以致疾病者。男婦之失其健康者，童稚之染肺結核者，皆送之花園城治療休養。關于衞生及家庭經濟之刊物以時發佈，成年失業者爲之介紹工作。

與中央政府及地方政府努力協進者尚有實業界的組合。其成績在荒殘之區尤爲顯著。彼等自行組成有限信托公司籌備勞動階級之房屋。凡與有關係者皆可加入合作。此項組合在現行法令規定範圍謀種種便利以求解決當前之大問題。

復次大規模之實業機關亦復有房屋信托部(Caisse Fonciere de Credit)之組合，以長期借款貸與商店進行建築事項，無須另行擔負債累或求助于國家。不立抵押契據但其產業不得與他方面別生關係。此項組合亦復從事建築附屬于實業機關之居室曾與前節所述之公司或其他實業機關或其僱用之職員，付還期間久暫不恒一致。

與房屋信托部相輔而行者爲經濟的造屋社，(Comptoir general du logement—economique)一則專事籌集資本，一則致力於其最有利的用途，確定各項建築材料之標準與同時訂購大批材料，經濟上固較合算，即製造運輸等事亦多便利。種種事務既得條理，則益盡力爲社會服務；凡房屋計畫工料價值與建築條例之類，均一一探訪搜集，以便當其事者採擇施行。

大規模之鐵路機關亦多仿行此項合作辦法，但皆根據雷法有條例貸款與雇用職員自行營造居室。

政府對於上述各項組合建築之房屋皆免徵稅則，以示鼓勵。

德國

德國有少數房屋社之組織其事業皆由信托公司及貸款銀行協助進行。政府方面對於戰後房屋之救濟亦有一二事實可紀。建築所費與將來收入不相抵償，其消耗費必有所從出，此不能不仰給於國庫之協助。初政府定計就現有房屋徵稅，因產主高抬租金以取厚利，致房屋愈形缺乏，故當責以補償所費。惟此種辦法頗起紛爭，納稅者以爲不應獨任此項義務，他人亦必分擔其費。同時各邦亦加反對，堅持不動產稅係屬各邦收入，中央不當加以干涉，即有盈餘亦不得劃歸國庫，態度之激烈至於要求撤回原案。但一九二一年六月二十六日頒行條例終於採行原議，定稅率爲百分之十，國家及地方各取其半。

然此項計畫因幣值低降收入減少卒亦不甚著效。綜計三年之間稅收所入皆不足當建築之費，是以中央仍須撥款協濟。一九二三年以後遂不復徵稅，普魯士境內且廢止此項條例。

成績最佳者當推公用協會(Public Utility Assn.)採行之辦法。

房屋會(Building Guilds)仿有限信托公司之組織，其股份由中央政府邦政府及市政府分任之。某協會最先成立，一九二三年股本由5,000,000馬克增至100,000,000馬克。目的頗似戰前之合作房屋社，以房屋供給其會員而取值甚廉同時有所謂房屋生産協會，(Building Producers'Assn.)目的大致相同。

德國建築職工聯會(The German Bldg' Workers Union)於一九二〇年在卡斯雷(Karlsruhe)會議，議决以較低之利率貸出5,000,000馬克組織上述之協會，即於是年九月成立，設辦事處於漢堡，其旨趣在

「造成并提倡公用房屋事業，仿合作社或別種不為資本家謀利益之結合而組織，與中央政府邦政府及市政府當局協謀羣衆居室問題之解决。」

該會建築之房屋或租與其會員，或售與其會員。又有所謂居室合作社者，(Siedlungsgenossenschaften)建築小規模之房屋及花園，一部份工程即由其社員任之。

居室合作社仿英國房屋社之組織，創始於一九二〇年，在歐陸推行甚速，而在德國尤著成效，其經濟上的協助皆得自貿易協會。

爲杜絕商業界乘勢利用起見，此項組合多規定股息以百分之五爲限度。其餘利並不分配，但以擴充業務。

荷蘭

荷蘭初不感覺房屋之缺乏，因大戰期間國內房屋建築並未完全停頓。惟自一九一六年以後，建築費用激增，每年所成房屋大爲減少，但國庫予以經濟上的協助始終未嘗間斷。戰後需要救濟之處皆由政府供給資本經地方長官貸與註册之房屋社。

荷蘭之房屋協會雖亦稱爲房屋社，但其含義稍有未同。此屬半公益性質，須經政府批准方能成立，以產業爲擔保，向政府抑借資本建築房屋租與勞動階級，然後分年償還債欵，收回原產。各社社員不得購買社中所造房屋，其經濟上的損失歸政府擔保，但不得超過一定限度。

戰後對於普通人民之居室問題亦謀有所救濟，但事後即行廢止。

意大利

關於意大利之情形前於章首稍已敘及，茲復補述梗概。

政府對於合作房屋社除減低建築材料之運費及豁免其進口稅以外並予以種種便利，對於政府雇員之房屋社待遇更異尋常其大致如下。

(一)國家存欵及放欵部(Cassa Depositi e Pretstiti)得行貸出全部建築費用。

此項貸欵分五十年償還，其利率爲百分之四·六。

(二)就百分之四·六之利率中賃居者付百分之一·六，政府付百分之三與國家存欵及放欵部。

(三)賃居者所付之百分之一·六之利率由政府擔保就其薪金及宿費扣算。

(四)房屋在造成後之二十五年內豁免房捐。

在五十年以後賃居者方能取得自由處分產業之權。

意大利在戰後對於建築房屋所費爲各國之冠。

瑞典

瑞典之「自有居室建築社」(Own Home Societies)創始於一九〇五年，專事購買土地以爲簡單家庭建築房屋及園藝之用。社中並貸欵與其社員建築房屋及購置農具等項，其欵恆取給於國家設立之「自有房室貸欵部」。(Own Home Lending Fund)此項房屋社專在偏僻小邑執行業務。截至一九二三年終，資本達100,000,000克羅勒。

大都會亦有類似之組合爲其社員建築小家庭。社中出借欵項皆取給於政府或地方之公欵及私人投資。上述各項組合皆可認爲合作事業或專以救濟社會爲目的之團體。

距今五十年前，司篤克荷姆(Stockholm)已有造屋社從事建築購買及管理數家合住之房屋。至十五年前此項組合約居百數，大致各有房屋一所。其社員認股造屋，各得永久佔有其弗拉特之一，但亦得因特殊之情形賃與他人居住。在社中建築或購買房屋以供社員居住之後，乃專任管理之責。除有缺額以外不得繼續迎納新社員。

大戰時期及大戰以後房屋驟感缺乏，此項組合之數目遂亦驟增。今司篤克荷姆已達四百至五百家，所置產業足容40,000戶，他處亦有類似之組織。

組合之方式近已逐漸進步。社章不復規定社員數目之限度。社中集得充分之欵項，即行開始建築房屋，同時社員可以分別訂購內中各部份之弗拉特。俟全部房屋分配完畢，於是支社宣告成立，擔任此一部份產業之管理事務。大規模之組合如「司篤克荷姆房客儲蓄房屋社」在一九二七年之終可望完成住宅三千戶，該社總分若干支社。

此項組合經營房屋事業之財政計畫可述之如次。以其所置產業向銀行押借欵項，約得其估計價值之百分之五十至六十。再向國庫二期押借百分之三十，並由地方自治團體擔保分三十年償還，於是總得百分之八十至九十。其餘至少百分之八十則分別由訂購房室之社員擔任籌集。故社務進行之方法恰似儲蓄銀行，但規模略小耳。類似之組合亦數數見之於其他各處。在那威未嘗見有與英國房屋社相似之合作造屋社發現。

西班牙

西班牙大部份之合作房屋社皆由政府補助，其方法分貸欵及津貼兩種。惟儲蓄建築銀行(Banco de Ahorro y construction) 及國家準備社 (Instituto Nacional de Pr evision)不在此限。儲蓄建築銀行在四五年之間共集欵40,000,000辟色托，(Pesetas)頗爲努力房屋事業。國家準備社以實行互助方法爲其唯一之目的，現有資本1,000,000,000辟色托以上，協助社員建築廉值居室。此外並貸欵與房屋社（即實行建築房屋之團體）營造勞動階級養老時期之宿舍。

該社並設立人壽保險部爲購買或建築廉值居室者任保壽險。代表政府收集一般營造廉值居室之合作團體償還國家之債欵亦其業務之一種。但亦稍爲索酬手續費。

是故西班牙情形異於歐陸各國，除歐陸風行之房屋社以外，至少尚有兩種私人組合從事解決房屋問題而無待於國家之補助。但此尚不得爲其特殊之點。輿論多指摘西班牙政府凡有所需要而不得不出之於苛征特稅之時獨注目於普通階級，其有待於普通階級之協助愈頻，普通階級對於國家之義務遂亦獨著。此種制度殊欠平允。惟森奈西班牙(Sunny Spain)之情形較有可取，一九二五年七月二十九日之法令規定爲普通階級建築居室之辦法甚詳，則其所以與之於普通階級者蓋亦不爲少也。

此項法令之利益祇能及於省會或居民在30,000人以上之城市或其附近之房屋建築合作社社員。政府雇員著述家及藝術家亦可享有同樣利益，但其住宅必須建築在居民在100,000人以上之城市中或其附近。

人民得租賃或購買國家資本所營造之房屋，但其收入須在一定限度之內方能合格，所謂收入指工價薪金及津貼等，經政府認可之合作社協助社市議會或其他組合亦可得有此項房屋。

政府撥欵100,000,000辟色托施行前項法令規定之事項。國家貸出初期押欵不得超過地價之百分之五十及房屋造價之百分之六十，規定利息爲百分之五，限二十五年以內償清。房屋工竣後之十五年內免征房產稅，並與一九二四年十月十日法令第二條規定之房屋社享同等之利益

根據此項計畫所造房屋之二分之一應行保留專備出租，購得產業之一部份亦可出租。賃居者及產權者皆得出售其權利與他人，但須政府認爲合格方能生效。出賣人並

不得增加房屋之造價或租價。

獨家房屋之價值不得超過60,000辟色托，承造人所得之盈利不得超過百分之十二，此外得增加百分之三之特別費及管理費。政府認可之合作社或商業組合以其固有之資本完成建築合同之二分之一時，得發行債務以達到已經支出費用之二倍為止，利息為百分之六，由政府担保其百分之五。

政府僱員或從事其他職業之人與此項法令發生關係者須劃出工資或薪金至少百分之二十五分期償還購買房室之借款，別項收入不計在內。此項可由合作社直接向付款人徵收。借款淸之後即行取得產權。

瑞士

英國式之房屋社未嘗輸入瑞士，其關於造屋問題之組合名為房屋合作社。（Baugenossen schaften或 Societes cooperatives de constrnction ——按瑞士國內各處或用法文或用德文，其名稱因地而異。）此項團體屬於合作性質，所造房屋大致以出租者居多數。其資本一部份由其社員自行籌集，一部份取給於押借公欵，其利率甚低。各社大致有其自家之建築師及包工人，其建築房屋之事業嘗限於一隅之地，少有發展到本城以外者。如得有機會售其所造之房屋則亦出售，但其建築之目的初不在出售。

國內房屋建築社以優待之條件出售其產業與他人者甚不多見。間有數處地方有行工值購買制(Hire-purchase system)而得居室者，但亦寥寥可數，茲不詳及。

俄國

一九一五年蘇俄深感房屋之缺乏，知其由於戰爭之影響，乃謀有以救濟之。布爾札維克革命之後形勢驟然變更，取消私產制度及建築之權。結果自可想像而知，產權者完全失其固有之房屋，後來者不得其人，因之敗壞甚速，損失亦巨。其後政府乃不得不恢復一部份之私有制度，私人及住戶合作社均得建築房屋享有產權。

自是重行租金制度以償修理之費。爲調和於此種讓步辦法及以前經濟政策二者之間，乃規定各戶佔有地積之限制，惟病人政府官吏及一部份職業分子在家庭工作者不在此例。

然猶未足以達到成功之目的。信用既已破壞，少有樂於投資房屋事業者。政府試行之優待辦法終不足以惠及貧民。地方長官乃至強以房屋貸與富戶以取多金，因致現狀愈形惡劣。其間亦嘗試行增加賃金，亦無效果。其僅有的救濟房屋缺乏之辦法祇有添造房屋之一途，於是行政機關之當事人皆奉令組織合作社，予社員以種種便利，俾克從事建築新房屋修理舊房屋以及完成中途停頓之營造工程。各社得自由處分其財產，但祇以租與社員爲限。社員如得本社之允許亦可轉租。政府以長期借款貸與此項組合，其來源皆征自細民（如商民及傭員等。）最大稅率爲每方發徑（Sagene ——約合五·五方呎）之房址地征十盧布。收入溢出一定限度者征所入稅，或稱溢稅。（Super Tax）國有實業組合亦須納所入稅，其百分之七十五作爲勞工協濟金，此欵必須用之於建築勞工之房屋。市政機關以房屋租與工商業之機關至少納百分之五十所入稅，亦供當地造屋之需。

復次，中央市政及建築銀行成立於一九二四年，合作社得享有相當權利，例如賒買建築材料及豁免工程完竣後十年內之地租等。借款規定分十五年償還，利息在前三年爲百分之一，又三年爲百分之二，又四年爲百分之三，最後五年爲百分之四。

據最近所報告，此項救濟辦法仍少成效。中央銀行之資本不敷周轉。合作社因其社員工資所入過微，資本尤苦不足，規定十五年償還期間殊嫌短促，雖要求展至四十年。國家建築部築價過昂，毫無一定標準。工作物料既多腐劣，管理方法亦少得當。農部於劃分地址營造新屋往往發生困難，市政機關又或阻礙合作社業務之進行。以是種種原因，工人恒多因循觀望，以俟機會，不欲驟行加入合作社爲社員。且補助款項非俟現金及建築材料籌集至百分之二十五時不予批准，即以後亦不加以保護。重以建築材料無一定行市，各種運輸不便，房屋式樣全無標準。故就房屋問題而論，蘇俄情形今已遠不如前。

綜合蘇俄及歐陸各國情形觀之，可知多已注意及建築與購買房屋之便利。一切組合與英國式之房屋社不無多少相合之處，惟各項統計不可得詳，故其房屋合作運動尚不能在經濟界占若何勢力也。

第十一章　結論

本書於歐洲房屋問題所錄雖不免為片斷的，要以英國或其同文之民族施行方法最有當於合作之原則。房屋社乃最適當之儲蓄機關。各人以其節儉所得助人集合資本，即以增益自身之財富。無居室者不獨緣此蒙受庇蔭，並建築其所自有之家庭，或從而改良之培益之。擔保品乃其特有之產業，付款愈多愈即於安居樂業之境，獨立之基礎亦愈增強固矣。

房屋社為欲達到提倡節儉及居室所有權之兩重目的，其望之於羣衆者日益增加。

故在本書結束以前，於其現在與將來之形勢不可不一加研究也。

近年房屋合作運動成績獨著，非前此可比，論者或多認為由於戰後房屋缺乏之故。事實上有此異常的需要固為原因之一，但無巨大之資本從事其間，亦必不能得此結果可以斷言。至於信用穩固管理得人蓋亦與有連帶之關係。

最近之將來果何如，是否繼續有營造新房屋之要求俾吸收既儲集之資本，誠為疑問。以現在而論，固尚未聞有衰減之形勢。兩三年內或英國可以彌補房屋之缺乏，然自是以後當亦常年有此需要無疑。

置產優于租產乃顯然之事實。今之成年者不久成立室家，咸將傾向于購買之途也。

較進步之組合為將來計無不竭其力之所能提倡青年儲蓄。如家庭儲蓄銀行嘗施行種種方法誘掖青年發成儲蓄之習慣。由孩提以至于成人，年紀漸長儲蓄之思想亦漸臻發達，至念念不忘以儲蓄為準期遂所欲。故能繼續維持其與提倡儲集資本取得居室所有權之組合相互間已成立的關係。

在大戰以前往往有人以儲蓄方法營房產事業，不然則貸款於房屋社而取償于租金。但在戰後頗已改易早年情況，房屋社特注重于協助購買房屋供自家之需要。他日救濟房屋缺乏之問題解決後，或仍恢復舊觀。「安全如房屋」乃一極有力量之標語，房屋社自不難別求新途徑利用其過量之資本也。

近年頗有一種新趨勢，凡經理房屋社之事業者類多資格甚深而富有幹才，較諸從前益爭榮譽。一部份房屋社事業所以能得社會之歡迎者，皆緣其董事會中多傑出之才經營業務，處處以刻己利羣爲事，故能成效著而用費少，凡在他人辦此者將感不足者無不措之裕如。各部主任以及重要職員亦皆慎重人選，必資格經濟皆能相當方予甄錄。

以是種種原因與社會之信任知房屋合作運動之將來必愈進步而繁榮。

管理房屋社條例亦有尚待修正之點，房屋社之當事人在二十年前即已感此需要。

一九〇五年房屋社協會嘗提議有所改革，嗣以該會顧問布拉布羅（Edward Brabrook）主張從緩辦理，其議遂寢。後數年間，雖此項問題愈感重要，亦少有提及者矣。類如房屋社存欵部當爲協助社或信托資本投資之機關，蓋嘗有人築議及之，亦其例也。股欵部性質不同，固不可與此相提並論。但存欵部地位安全，並無佣金，前途又絕少虧折之虞，何爲不可容納持有信托資本者之投資。祇以未經規定。致房屋社業務之進行頗受阻碍，尤以存欵人提欵引退之時爲甚。除遺囑特別規定者外，執行遺囑者于償濟各項債欵及應付訂立遺囑費用以後，率將所有餘欵全部提取另行處分，以能增進立遺囑人之利益爲其唯一之願望。

是故信托條例必須修正之點在免除此種障碍，並使保管人或信托機關將不須動用之餘欵全部儲存房屋社，斯不獨能取得相當之利益，並避免虧折之危險也。

除根據房屋社條例註冊之房屋社外，不得襲用「房屋社」之名稱亦久爲巴力門履行改訂之點。凡執行房屋社業務之組合而不遵照房屋社條例在政府管理監督之下以求取得社會之信任實毫無理由。然當其事者往往視法令同紛擾之具，力謀避免其束縛以爲得計，大戰前常有根據別項條例註冊之組合襲取合作運動之美名，經營房屋事業，及一旦倒閉，社會不察底蘊，至以爲此種不幸之事果出自正當房屋社之所爲，而新聞標題亦竟大書特書曰「房屋社之失敗。」是固足以損害房屋合作運動之美譽也。

所幸近來協助社註冊主任漸已發覺濫稱「房屋社」之非是，乃嚴格限制，凡不依照房屋社條例組織者不得襲取其名，以免混淆。但此猶非根本解決之道，房屋社宜聯合建議禁止根據別項條例註冊之組合冒用「房屋社」之名稱也。

另一問題則爲改訂法令時當注意及於房屋社接受附帶擔保品之規定。多數人主張附帶擔保品足以增固受押人與出押人間之關係。主要擔保品既爲長期租借或永久執業之不動產，是固不難確立附帶擔保品之性質，或進一步規定社款之總額不得超過其購價或測量員之估價。

本書附錄六所規定關於減免借款人押款利息之所入稅及豁免股東及存款人所入稅

各辦法在法律上無根據，祇爲稅務當局及房屋社雙方因謀避免退欵之煩而協議之結果。其於賦稅方面之損益爲何如不甚能詳，但最近改訂之乙種辦法在房屋社方面殊難認爲滿意，此亦巴力門應再考慮之點也。

巴力門式的簿記當亦在修正之列，期與近代簿記之方式相吻合。第二號簿記項目過煩，創始者意謂非此不足以便稽核絕弊端，實則並非必要。房屋社職員習之已久，自易得其條貫，然在一般人視之幾不能了了。今後如改爲簡單之損益統計表當較適用。

房屋社合併改組之步驟宜力尙簡單。如現在所規定，須有各該社社員全數之四分之三以上之集會三分之二以上之通過及主管機關之批准方能實行合併。此在事實上幾不可能，在大規模之組合更難徵得如許同意票。一九二〇——二一年約克某某兩房屋社曾議合併，旋以大會未能通過而止。此項問題之解決固不妨用通信投票法徵詢各股東之意見，較之集會便利多矣。

近來商業界頗有討論合併問題之是非者。銀行方面之顧主多不贊成此舉，因一度合併之後，則其政策章程及當事人均多改易，不免失去感情上之作用，交易往來驟形隔閡。此項意見未免偏執，若在銀行事業感受困難時，即無合併之事，亦必少有通融的可能也。

又非難銀行之合併政策者多出自顧主，而其決策者則爲股東。但在房屋社股東之地位實兼爲顧主，定計合併，自無問題，斯其不同之點。

然從經濟的眼光觀之。則社會漸已傾向合併政策之施行 。前財政部長司諾登氏（Philip Snowden）尤竭力主張之，以爲資本及管理之合併足以節省浮費，而房屋社在適當條件之下從事合併，其利益更爲顯著。蓋房屋社施行經濟競爭之原則其勢極難，管理費用來源有限，過事低減放款利率足滋危險。惟有合併政策可以在相當限度之內，節省開支，低減利息，改良業務，增加效率，俾合作運動之前途益趨順利。且同在一地之多數小規模的房屋社合併改組之後，不獨能獲得作業上的經濟，即信用當亦較前鞏固不少。

房屋社事業將漸漸歸之於大規模之組合，以其作業較爲經濟合算，故能引起社會之同情。據統計所詳，少數大規模之組合近來頗佔優勢，但小組合優良之成績並不因此沒而不彰，其管理法有時或且更經濟更健全，乃一般人之所公認，未可抑揚其間，故意抹煞。故聯合改組終當成爲待決之問題，而小組合亦必能繼續保持其固有的特點也。

施行合併政策之種種困難解除以後，則新產生之房屋社當更能與全國房屋社協會謀忠實的合作。原該協會之組織在監督各房屋社實行巴力門所定之辦法及其他事項足以影響社員之利益或改進社務者。其有造於房屋社事業有悠久之歷史。公法學家奧維璧氏（Avebury）及艾穆特氏（Emmott）皆任會長之職。房屋社之加入該協會爲會員者數在三百以上，小大俱備。一九二六年改訂規程，該協會對於房屋社之設施損害該協會或房屋合作運動之名譽利益及規則者得撤消其會員之資格。此項資格雖不必能擔保其管理經營，但在加入時於其經濟狀況及安全程度必須有相當之證明方能合格。

在全國房屋社協會之下設地方房屋社協會六處。凡地方協會之規程須經全國協會之認可方為有效，非全國協會之會員不得加入地方協會為會員。地方協會由地方發起組織之，全國協會但照例批准而已。

全國協會並未議及地方協會之普徧的改組是否由於時機未熟乃一值得研究之問題。一般人之意見多主張地方分權制，由各縣或類似的區域之房屋社自相聯合，組織地方協會，並推選代表參加全國協會。是故全國協會乃各處地方代表所合成，管理上自然具有共相之精神。地方協會定期舉行常會交換意見足以增進作業上之效率，而同業相互間的猜疑亦可因接近而泯除。對於所屬房屋社之設施有不合法者，則施以相當之制裁，保持全體之信用。關於確定利率之標準及聯合刊佈廣告等事項亦不妨由地方協會準酌當地情形辦理之。

從事於房屋合作運動者顯有一種經濟的精神與誠懇的願望期房屋社事業於更普徧更經濟更健全之地位。其過去成績固已大有可觀，倘能繼續保持固有之成規而去其缺點如本章所論，則來日房屋社事業將益著福利社會之偉績，此可爲欣幸者也。

附　錄　一

一九二六年英國房屋社之總調查表(註一)

	法定結合的房屋社及自由結合的建築社			不列顛自由結合的房屋社之數目
	英格蘭	威爾士	蘇格蘭	
房屋社之數目	940	47	79	38
社員數……(註二)	1,210,295	18,020	29,085	45,800
	£	£	£	£
一九二六年收入之金額	91,644,916	785,503	970,139	1,773,991
一九二六年貸出之金額	51,3 9,505	4.4,217	356,859	1,006,197
營業費……	1,164,267	20,491	14,491	21,870
欠股東之債務	144,479,364	1,681,435	1,575,211	3,076,154
欠儲戶及其他債權人之債務	34,467,320	744,087	499,983	765,835
利益及準備金之獲得	10,097,448	139,263	168,920	284,910
有抵押作擔保之貸款				
五百磅與五百磅以上者	89,527,596	1,518,785	819,100	2,247,559
五百磅以上一千磅以下者	52,209,133	610,752	533,384	910,538
一千磅以上五千磅以下者	26,883,530	201,054	369,508	480,018
五千磅以上者	7,112,444	34,581	52,438	105,264
執有十二個月以上之財產…… ……	107,218	10,509	38,657	2,530
押款拖欠逾十二個月以上……	143,362	26,816	18,898	443
總資產……	198,044,132	2,567,785	2,244,117	4,126,906

(註一)　此調查表錄自友誼社註冊主任發表之統計概要中經HN圖書社之許可附載於此

(註二)社員數並不包括投資人在內。

附錄二

英國房屋社在地域上之勢力統計表

英國北部一帶即寶漢 Darham 倫凱州 Lancashire 老生白蘭 Northumberland 姚州 Yakshire 所在地為房屋合作運動勢力最盛之區域。其地有社三百三十所，資產總額逾 100,001,000 金磅。下表所列即該區域內房屋社之最著者也。

(一)北部諸邑區域

社名	結束日期	社員	每年墊金額	總資產
(一)黑立發永久房屋社	31/ 1/27	154825	£8452562	£27663946
(二)黑立發公平房屋社	30/01/26	46752	4505928	11255039
(三)勃蘭特福第三公平房屋社	31/12/26	20425	1495231	8800300
(四)李資永久房屋社	30/ 9/26	59403	1760589	7242898
(五)黑特非爾房屋社	31/12/26	29961	1681923	6756699
(八)朋來房屋社	31/12/26	15570	1141607	4906447
(十)勃蘭特福第二公平房屋社	31/12/26	15754	982598	4147363
(二)倫敦及近畿諸邑區域				
(六)道院路房屋社	31/12/26	44455	£2053657	£5171810
(九)胡兒威池公平房屋社	30/ 9/26	22633	1331450	4346762
(十一)國家世業房屋社	31/10/26	29133	1360221	4041864
(十二)西溪公園房屋社	31/12/26	21447	1154900	3670781
(十三)合作社	31/12/26	22 93	1355139	3664395
(十四)節制社	31/12/26	14133	626785	2778253
(廿九)權心社	31/ 3/27	7037	319429	1325044
(三)中北部諸州區域				
(七)李山斯透永久房屋社	31/12/26	32820	£1336125	£5038318
(十六)Northampton T. and C	31/12/26	15377	663549	2622861
(十八)Leek and Moalands	31/12/26	13613	384632	2075882
(廿)伯明罕房屋社	28/12/26	9308	453514	1882380
(廿七)寶辦州永久房屋社	31/12/26	10768	284690	1392083
(卅二) Lek united	31/12/26	8714	219232	1232572
(卅三)諾丁海永久房屋社	31/12/26	9598	324523	1209555

(註)社名左方括弧所註之數係指英威爾房屋社資產多寡之等級而言在一九二七年六月一日調查得的

吾人於研究英國房屋社時有數點爲應知者，今述之如下：

姚州之西騎爲房屋合作運動之中心點，新郎永久社之在老生貝爾敲諸社中之一巨擘也。該社有社員9330人，產業5,774,000金磅，爲英國列名第二十二之房屋大社。與此相伯仲者有洛克永久社，其社員人數爲11,248名，資產1,687,429 金磅。又北州永久社社員凡7,235 名，產業1,502,766金磅。又普及永久社社員人數2,844名，資產798,729 金磅，在英國房屋社中列名第四十一，較前數者固已不及矣。其在資海則有達靈登公平社，爲該地首屈一指之大房屋社，加入是社者計有7194人，資產價值926,795 金磅，其規模亦可觀已。懸勒爾有一大房屋社名合作利益社者則有社員6439名，資產1,479,572金磅云。

此外在姚州境內尙有下列諸社：Leeds Provincial 資產2,078,045金磅。平瀾 Bingly縣東 Morton欣潑萊Shipley開來 Keighley 各有資產1,892,656金磅。Keighly and Craven 資產1,780,384金磅。彭斯萊永久社資產1,441,493金磅。懷克菲而1,34

0,639金磅。Leeds and Holbeck 1,166,095 金磅。Dawsbuy and West Riding 935,916金磅。此數者皆房屋社中之錚錚者也。

近年以來房屋合作運動之在京畿一帶有顯著之進步，故除房屋社勢力極盛之姚州外，當推此區矣。今則已向官廳註冊之房屋社幾有三百之多，資產總額當在四千五百萬磅以上。第二表內所臚舉者即其地之最大房屋社也。

其他若 Portman Chapel 資產951,794金磅，Megent 資產787,260 金磅 Furth City Mutual產業774,885 金磅，Isle of Thanet 產業776,999金磅，均爲在近畿一帶之大規模的房屋社云。

其重要程度視前稍遜者爲中北一帶之區域，即鐵辦，立散斯推，司丹福，華衛克，華識司推諸邑是已。房屋社之設立於是者凡一百一十所，總資產額在二千七百萬金磅外。第三表內所列即此區域內之領袖房屋社也。其具有資產865,630 金磅之 Coventry Economic與資產821,646金磅之立散斯推鄉制社亦屬此區。

不屬於此三區域內之最大房屋社則有却而登海及格老猻司推，其社員人數爲14,369人。計一九二六年十二月三十一日止，此一年中共貸出656,376金磅，產業爲2,691,431金磅也。

房屋合作運動在中南與東方諸邑殊無足觀。其差強人意者則爲自由結合之東方永久社，社員6,737人，資產1,827,790金磅在沿南海岸之最大房屋社爲具有資產約1,019,218金磅之海斯丁永久社。威爾士區域內今有已向政府註冊之房屋社五十所，總計資產約：二百五十萬磅，執其中之牛耳者爲客迭夫之Principality，在一九二六年終結時有社員7508人，資產1,297,591金磅，誠不愧爲大規模之合作事業也。

於此有使吾人詫異而不解者，則在蘇格蘭之南北諸邑雖有少數組織完善之房屋社而自梯突以北此項運動未能有顯著之進步是已。至於人口繁密之區如Fifeshire, Lanarkshire, and Midlothian 諸邑則亦自有實數可稽。蘇格蘭今有社八十，總計資產約近二百二十五萬金磅。在註冊之諸社中以鄧豐林建築有限公司(註一)爲最大，一九二七年一月時，有社員5,112名，資產四十三萬金磅。此公司始創於一八六九年，至一八八七年乃加入爲聯合會會員，故其組織行政均依照一八七四及一八九四年頒布之房屋律之規定而受其保護也。其第二大社則在愛丁堡，名救誼儲資房屋社，有社員1917人，資產212,000金磅。

華滋堡對房屋社所發表之一文中謂「蘇格蘭無自由結合之房屋社之設立」，此語殊不盡然。蓋事實上蘇格蘭有此種性質之房屋社一所，即司丹林州房屋儲蓄合作社是也。

愛爾蘭自由邦之房屋社統計表見本書第一二九頁。

北部房屋社之統計實數已於前英國房屋合作運動之歷史章第一節中敘及，不再贅述。

(註一)「有限公司」一名在一八七四年以前成立者仍多沿用，不以爲異，惟自此以後均照居住律之規定稱房屋社云。

附　錄　三

下表敘述關於向愛爾蘭自由邦註冊之房屋社之名稱性質及其最近年度內運用資產之特點等

(P)指永久性質的○　(T)指定期性質的○

	合作社之名稱	年度	社員數	一年中有担保之貸款總額	年度終結時資產之總額
	杜柏林			£	£
(P)	工人福利社	1925	516	8,090	47,855
(P)	愛爾蘭公社	1926	1,319	70,141	341,964
(P)	愛爾蘭實業利益社	1925	345	8,264	27,176
(P)	城鄉永久房屋社	1926	146	3,349	40,274
(P)	杜柏林商業社	1925	40	——	1,124
(P)	旗乃爾福利社	1924	585	6,109	44,580
(P)	愛爾蘭永利社	1925	120	——	2,321
(T)	杜柏林模範社	1926	503	1,810	19,040
(T)	第二商務旅行社	——	——	——	——
(T)	第二模範社	1925	378	2,850	11,190
(T)	Second Dablin 1009th S. B.	1926	68	23	583
(T)	第二維多利亞互助社	1924	70	1,800	7,339
(T)	第二合作利益社	1924	147	3,600	20,115
(P)	幾尼斯永久房屋社	1925	46[illegible]	9,230	93,849
(P)	愛爾蘭福利社	1925	160	1,048	8,142
	谷　　克				
(P)	谷克永久社	1926	56	2,475	10,388
(P)	流士德永久社	1922	47	2,099	17,070
(T)	谷克協作社	1925	246	3,759	11,102
(T)	谷克第二協作社	1926	203	2,250	10,097
	林　立　克				
(T)	First Limerick 782nd S.B.	1923	50	——	1,664
	鄧　旦　而　克				
(T)	鄧旦而克第一模範社	1925	154	800	5,381

(注意)所有向愛爾蘭政府註冊之房屋社現在均屬法定結合性質

附錄四

公函第五五五號

衛生部函英格蘭及威爾斯房屋管理機關及縣議會

房屋律　爲保護房屋社由

逕啟者。奉　衛生部長諭，本部前與房屋社聯合會議訂保障辦法之結果，凡地方官吏對於此種房屋社均應依照一九二三年頒布之房屋律第五章第一欵之規定與一九二四年修正案內關於財務之條文加以保護。至縣議會對該會社之關係在上述修正法內第十二節亦有明文規定，似可適用，仰令各地方長官一體注意云云。奉此查本部因鑒於人民欲建屋居住，對於所需造價與社方章程規定出貸之數，苦乏知曉。而此次所以施行保障之目的，即在消除此種弊病，使社方得依社員之要求而增加其原來規定之押借金額也。此類保障利益顯著，不但造屋時有待於經濟上援助之勞動階級視爲福音，即建築規模較大之屋舍有時亦感其必要。惟有不得不加以制限者，即債務人所欲借款之數（經地方官估計其抵押產業之價值後）總共不得超過一千五百金磅。又此種保障僅適用於將欲新造之屋舍，其在一九二三年四月廿五日以前興工者，不能享有此項保障之權利也。

茲將本部與該會協定之內容撮要摘錄如下：

（一）房屋社於其章程上規定之額數內出貸款項可無須官廳擔保。但爲應社員之要求時，得超過其原定金額，地方官對於此部份之墊款當負保護其安全之責任。

（二）房屋社因有擔保品作抵押而出貸之墊款不得超過借款者之抵押品價值之百分之九十。抵押品之價值由社方會同地方官估定之。

（三）地方官遇下列規定之兩種情形內得行使其保障之職權。

債務人違背契約當社方將其抑抵品出售時。

抵押品出售後之所得不能抵償社方之本利及其他損失時。

（四）地方官所負之最大限度責任，以抵押品出售後之短少數與貸金超過其原定額所受之損失為限。

（五）社方發覺債務人不能履行契約後，及將欲出售其抵押品前一個月內，應函知地方官備案，或請其向債務人索回所欠社方之債款及利息，由社方限以時日令其如期清償。若仍無結果，則社方可將其抵押品出售。

（六）地方官於接到上述社方之通知書後即債權人與債務人間之關係尚未至於斷絕時，得將抵押品交與社方處理，以賠補其所受本利等之各種損失。

（七）如墊款之數量已陸續付還至押產估價之百分之四十五時，此項保障法即不適用。

房屋社聯合會已擬成一標準的保障方案，所有上述協定之精神均包括在內，現擬分發各房屋社，以畫一其辦法。同時部長甚願採納地方官吏對於保障房屋社之適當建議，但不得與上述協定之精神有所抵觸。地方官吏如認為能使上述協定增加效力之別種方案亦可提出考量。蓋部長深知各地方之情形不盡相同，酌量改變協定之內容，亦事實上所必許也。

目前國內具有巨量現金準備出貸之房屋社不在少數，故部長之意以爲若地方官與合作社協同獎勵稍有積蓄之人投資建屋以給所需，則其結果之佳良當可預卜也。相應函達即希查照爲荷，此致

（官銜）

衛生部副秘書福伯斯啟

一九二五，一，三十。

附　　錄　　五

歷年來美國房屋及貸款協會發展狀況一覽表

年　份	協會數目	社　員　總　數	資　產　總　數
1895	5,770	1,645,129	579,627,765
1896	5,776	1,610,300	598,388,695
1897	5,872	1,642,169	601,130,037
1898	5,176	1,617,837	600,135,739
1999	5,485	1,512,685	581,866,170
1900	5,356	1.495.136	571,366,628
1901	5,302	1,539,593	565,337,966
1902	5,299	1,530,707	577,228,014
1903	5,308	1,5,6,700	579,566,112
1904	5,265	1,631,046	900,342.386
1905	5,264	1,642,127	629,314,257
1906	5,316	1,699,714	973,129,194
1907	5,424	1,839,119	731.608,486
1908	5,599	1,920,257	784,175,753
1909	5,713	2,016,651	856,332,715
4910	5,869	2,169,993	931,817,175
1911	6,099	2,332,829	1,030,987,031
1912	6,273	2,516,936	1,137,606,648
1913	6,429	2,836,433	1,248,479,139
1914	6,616	3,103,935	1,357,707,900
1915	9,805	3,334,899	1,434,205,875
1916	7,072	8,568,432	1,598,628,136
1917	7,269	3,838,612	1,769,142,175
1918	7,484	4.011,401	1,898:314,346
1919	7,788	4.289,326	2,126,620,390
1920	8,633	4,962,919	2,519,914,971
1921	9,255	5.809,888	2,890,764,621
1922	10,009	6,354,144	3,342,230,953
1923	10,744	7,22,,880	3,942,939,880
1924	11,884	8,554,352	4,765,937,197
1925	12,403	9,086,997	5,509,176,154
1926	12,800	11,275,000	6,280,000,000

附錄六

內地財務局規定關於房屋社之所得税徵收辦法

一、征收所得税之甲種辦法

（一）借款人應將每年之各項進益總額報知當地所得税調查員，房屋社綜核其所報之數是否相符。於必要時得予調查員以檢查之便利，其每年總收入不滿一百六十磅者，得免徵其擔保品所生利息之所得税。

（二）凡不屬於免税之一類者，則依其擔保品每年生利之多寡照章抽税。房屋社得允許借款人之請求，在利息內扣去應付之所得税。

（三）凡在房屋社手中之一切抵押品歸其管業者，除地租外概不征收所得税。

（四）房屋社應備具一報告說明每年收益在一百六十磅以上之投資及儲戶共付息金若干，曾否扣去其所得税，送交所得税調查局，每年一次。

(五)房屋社須塡寫一利息收入表載明收到許予扣除所得稅一類之借欵人息金幾何及所徵之產業的特殊可記之點(備攷)連同存根一併送局，其式樣與附表第一八五號扣稅證明書同。

(六)假若房屋社向借欵人所收之總利息超過該社付與存欵人之息金總額時，房屋社有權於前項利息中取出一部分以補足該多餘利息所應出之稅欵。反之，若存欵人所納之稅欵超過其向借欵人收得利息所應納之稅欵時，則該社須依照丁項所得稅徵收辦法發還其餘。

二、征收所得稅之乙種辦法

(一)房屋社允諾依照丁項辦法直接徵收本年及上年度股票紅利獎勵金存欵及借欵利息之所得稅。

一、關於存欵借欵股票金額在五千磅以上者。

二、關於存欵借欵股票之任何額數爲有限公司或其他法定結合之公司與合作社所擁有或與其信用有關者。

三、關於其他各種之儲金借款及股票。

以上一二兩項用標準稅率抽全額。三項用標準稅率之半抽半額。

於研究征收此項直接稅時應注意下列幾點。

(二)房屋社監管之一切產業無論由社方出租生息或撥歸自用以及在房屋社所有權內之一切抵押品除地租外概免第一類之所得稅。

(三)借款人之收入不及收稅標準者不得向其抵押品所生之利息征收所得稅。除係別種特捐外，如誤抽兩重稅，即應由內地財務局退還之。

(四)借款人之收入已到收稅之標準者亦得提請免徵其擔保品收益之所得稅。其法由借款人先向關係之房屋社取得證明書，該項證明書載有在征收年度內擔保品所生息金之總額，然後申請於征稅調查員。如申請在納稅時之前者可免抽稅，在納稅時期之後者則已收之稅仍可退還。

(五)存欵人儲資人貸資人所得之紅利或息金皆得免課所得稅，如已經征收，證明後亦得歸還。但向房屋社投資存欵放債征收得來之所得稅不得要求豁免或退還，同時房屋社應拒絕發給此項證明書。

(附註)乙類徵收所得稅之辦法其修正案自一九二五年四月五日起發生效力，一九二五至一九二六會計年度內適用此辦法。

現在僅少數的房屋社仍引用甲種辦法，內地財務局鑒於新房屋社之勃興情形已非昔比，似無强迫服從之意矣。

中華民國二十二年一月初版

勞農合作運動

定價大洋五角

譯者 許心武

出版者 著者書店

印刷者 京城印書局 北平和平門內北新華街

發行所 著者書店 北平和平門外西河沿西頭後河沿廿號